대학 장학금과 적금으로 시작하는

스마트한 군대백서

커리어북스 직업 시리즈 02

대학 장학금과 적금으로 시작하는

스마트한 군대백서

정명박 지음

커리어북스
CAREER BOOKS

PART 2

스마트한 군대 생활 대학 장학금 & 자기계발

PART 3

Top Gun이 되고 싶다, 공군은 어때?

PART
4

대한민국 군인은 역시 육군이지!

PART 5

전 세계 바다를 누비는 우리는 해군!

PART 6

군인연금으로 노후 대비까지 직업군인은 어때?

군인은 에스프레소 맨(Espresso Man)

에스프레소는 모든 커피의 기본이다.

우리나라에서 에스프레소^{Espresso}는 카페에서 인기 없는 커피에 속한다. 카페라테같이 담백하지도 않고 아메리카노처럼 적당한 수준에서 쓰지도 않다. 양도 적다. 더욱이 보통은 한 번에 들이켜야 한다. 나눠마신다고 해도 두 번을 넘지 않는다. 그래야 에스프레소 특유의 맛을 느낄 수 있다. 그런 만큼 잔잔한 여유를 가지면서 커피를 즐길 수가 없다. 한번 들이켜면 더 이상 마실 게 없기 때문이다. 하지만 이런 단점에도 불구하고 어느 커피전문점을 가더라도 메뉴판에 에스프레소라는 글자는 쉽게 확인할 수 있다.

에스프레소가 이런 단점에도 불구하고 사라지지 않는 것은 모든 커피의 기본이기 때문이다. 우리가 좋아하는 커피인 카페라테와 아메리카노는 에스프레소를 토대로 만들어진다. 에스프레소에 우유를 넣으면 카페라테가 되고 물을 넣으면 아메리카노가 된다. 다른 커피도 첨가물의 종류만 다를 뿐 기본은 에스프레소이다. 에스프레소 없이는 커피가 없는 거다.

그러나 가끔 우리는 이것을 망각한다. 커피의 기본인 에스프레소를 망각하고 좋아하는 커피만 생각한다. 이건 단순히 커피에만 해당하는 문제는 아니다. 에스프레소와 견주는 대표적인 것은 '안전safety'이다. 안전이란 개인의 안전, 사회의 안전, 국가의 안전을 포함하며, 그 분야는 신체적인 건강함, 사회의 건전성, 국가 주권의 보전 등이 포함된다. 이를 위한 직업이 있고, 필요에 따라 국가에서 직접 관여하거나 민간에서 자율적으로 존재한다. 군대는 그 수많은 직업 가운데 '안전'을 위해 존재하는 국가 조직이다.

안전의 기본이 되는 에스프레소는 군인이다

군대도 마찬가지이다. 군대는 한 개인, 한 사회, 한 국가가 제대로 운영되기 위한 기본 기능인 '안전'을 책임지는 조직이다. 그들은 안전하기 위해 계획하고, 그 계획을 수행하며, 결과를 분석한다. 하지만 더 잘할수록, 즉 안전해질수록 그들의 존재는 더 드러나지 않는다. 안전을 당연하게 받아들일수록 군대의 존재감은 희미해진다.

코로나19가 유행하기 전에는 일상의 소중함을 몰랐다. 바이러스가 횡행해 밖에 다닐 수 없게 되자 사람들은 일상의 소중함을 느끼게 되었다. 국방도 마찬가지이다. 지금과 같은 평화로움이 아무런 노력 없이 이루어지는 결과라고 생각하기 쉽다. 이것도 얼마나 소중한 것이고 노력의 결과라고 생각할 때가 올지도 모른다. 하지만 그 상태는 대개 비극적인 상황이다. 절대 일어나선 안 된다. 그전에는 군인은 철저한 에스프레소 맨으로 열심히 한다 해도 눈에 띌 수 없다. 국가적으로 보면 군은 존재가 눈에 띄지 않는 것이 더 바람직할 수 있다.

나의 고생을 알아주는 이는 많지 않다

군대에 다녀온 당신은 억울할 수도 있다. 인생의 황금기에 시골 산 골짜기에 있는 것도 억울하다. 그리고 체력의 한계에 달할 때까지 훈련받아야 한다. 야간근무 때문에 잠을 설치고 처음 보는 사람이 '군기가 없네! 있네!' 하며 갈군다. 그것에 비하면 월급은 터무니없다. 많이 올랐다고 해도 밖에서 받던 과외 아르바이트비의 반도 안 된다. 그때는 스트레스를 받으며 일하지 않아도 이것보다 더 많이 받았는데 손해 보는 장사다. 간부와 선임은 날 어린애 취급한다. 성향이 맞지 않은 동기와 같은 방을 쓰며 스트레스 받는다. 싸우면 군기 교육대에 가니 뭐라 할 수도 없다. 여기에 코로나를 이유로 휴가도 나가지 못하니 이게 사람 사는 건가 싶다.

그래, 힘들다! 그것보다 더 짜증 나는 건 이걸 알아주는 사람이 많지 않다는 사실이다. 헌신에 비해 알아주는 이는 없다. 대한민국 남자라면 누구나 군대에 가야 하니 불만은 없다. 부대에서 경계근무를 서고 일하면서 자신이 얼마나 중요한 일을 하는지 느끼게 된다. 그리고 외부에 공개되지는 못하는 많은 군사적인 경험을 하게 된다. 그에 수반한 고생은 물론이다. 누군가는 이것을 알아주길 바라게 된다. 하지만 누구도 이것을 알지 못한다. 군이 하는 일은 기본적으로 사회와 격리되어 있기 때문이다.

군은 특수한 조직으로 하는 일이 특수하다. 군은 평시에는 평화를 유지하고, 전시에는 전쟁을 수행하는 조직이다. 전쟁을 수행하는 조직이니 사회와의 연관성이 떨어질 수밖에 없다. 다른 직업과는 다르게 간접적으로도 체험할 기회도 없다. 또한 무언가 한 티가 나지 않는다. 한국전쟁이 끝난 이후 한반도에는 큰 전쟁이 일어나지 않았다. 한반도는 강한 군사훈련과 무기로 평화를 유지하고 있다. 아무 일도 일어나지 않은 게 군인이 최선을 다한 결과이지만 누가 그것을 생각하며 살까? 평화는 당연한 거로 생각하는 사람 관점에서 평화는 거저 얻은 것이다.

이 사회를 지탱하는 수많은 에스프레소 맨!

물론 이렇게 티 나지 않는 게 군인만은 아니다. 거리를 청소하는 청소부, 택배 배달원, 시설물을 관리하는 공무원, 버스 기사 등 중요해 보이지 않는 수많은 직업을 생각해 보자! 이들은 우리 사회가 유지되고 발전하는 데 기본적인 서비스를 제공하는 에스프레소 맨이다. 이들이 없으면 사회가 유지될 수 없다.

이 수많은 에스프레소맨들 사이에서 군인은 이 순간에도 '안 보이고 안 들리는' 곳에서 대한민국의 평화를 위해 동분서주하고 있다. 이 책에 본격적으로 들어가기에 앞서 군인을 이해하고, 스스로 자부심을 느끼기를 바란다. 현재와 미래 대한민국의 평화는 바로 당신이 지키고 있다.

그래서,
군대 어디로 갈래?

1. 군대, 어디로 가야 하지?

★ ★ ★ ★ ★

"육군, 해군, 공군 그리고 특수임무부대!

군대, 어디로 가야 하지?"

군대에 가야 하는 청춘이 직면하는 가장 큰 고민은 '어느 군에 갈까?' 하는 문제다. 즉, 의무 복무를 어떤 방식으로 마칠 것인지에 관한 결정이다. 대한민국에서 군 복무하는 군종Military Branch인 육군·해군(해병대)·공군 중 어디를 선택해야 하는가?

각 군의 특성을 알아보지 않고, 자신과 맞는지에 대한 고민 없이 선택한다면 수개월 동안 생활할 터전을 경솔하게 선택하는 거다. 물론 나름의 조건을 비교했을 것이다. 수량으로 표현할 수 있는 복무기간, 집과의 거리, 휴가 일수는 군별로 명확하기 때문이다. 그렇지만 정작 군 생활은 이것으로만 판단할 만큼 단순하지 않다.

주변 지인과 상의해서 선택한다면 그나마 낫다. 특정 군을 경험한 대리경험에서 비공식적인 실제 생활과 관련된 부분을 알 수 있기 때문이다. 하지만 문제는 그들도 짧은 시간에 한 개의 군을 경험했을 뿐이다. 모든 군을 아우르는 통찰Insight이 있지 않고서는 편파적인 내용에 한정될 여지가 크다. 결국 육군을 다녀온 사람은 육군을 권유하고 공군은 공군을, 해군을 권유하는 것을 크게 넘어서지 못하는 것은 이 때문이다.

군 생활도 사람 사는 생활이다

군 생활은 말 그대로 생활이다. 사람이 사는 것이다. 그 안에서 생활하는 내가 행복하고 만족할 수 있어야 한다. 생활 측면에서 군대를 봐야 하는데, 이것이 몸의 편함과 마음의 편함을 동시에 생각해야 하는 이유다. 몸이 편하다고 마음이 편한 것이 아니기 때문이다. 누군가에게 힘든 게 누군가는 힘들지 않을 수 있다. 물론 반대인 경우도 있다. 그러니 개인 성향에 따라 잘 살 수 있을지 아닌지에 대한 최대한의 사전 확인이 필요하다.

내가 잘 살 수 있을지 확인하기 위해서 위의 객관적인 수치 외에 전반적인 군 생활을 아는 게 중요하다. 전반적인 군 생활이란 생활관의 삶과 훈련의 강도, 종류, 업무의 종류 등을 의미한다. 그 후 자신과 가장 맞고 견딜 수 있는 군대를 종합적으로 판단한다. 한 가지 요소만으로 선택하면 큰코다칠 수 있다.

육·해·공군의 전반적인 군 생활은 다르다

이렇게 말하는 이유는 육·해·공군의 전반적인 군 생활이 다르기 때문이다. '군대가 다 똑같지 무슨 소리야!' 하겠지만, 수년간의 경험으로 보면 각 군은 개성이 독특하고 이 때문에 서로 이해하지 못하는 부분도 있다.

보통 육·해·공군이 단순히 활동하는 영역만 다르다고 생각한다. 영역이 다르니 일차적인 건 맞다. 하지만 이것으로 인해 많은 부분이 달라진다. 각각의 공간의 위치, 특성에 따라 임무가 달라지고 임무에 따라 훈련이 달라진다. 그리고 훈련에 따라 중요시되는 가치가 다르다. 중요한 가치의 차이는 구성원에게 다른 능력을 요구한다. 이것은 구성원이 받는 스트레스를 다르게 한다. 물론 군이라는 돌림자를 쓰니 분명 공통점이 있다. 기본 체력과 정신력, 군인정신 등이 그것이다. 하지만 세부적으로 들어가면 다른 임무, 다른 훈련에 따라 추가로 요구되는 능력이 분명히 있다.

각 군의 차이를 알고 현명하게 선택하자!

여기에서는 육·해·공군의 차이점 위주로 열거하겠다. 활동 영역의 차이, 임무의 차이, 그로 인해 요구되는 능력의 차이 간의 관계를 '왜 그럴 수밖에 없는지', '왜 그런 분위기를 형성하기 쉬운지'에 대해 최대한 인과관계를 활용해 설명하고자 노력했다. 조금이나마 군대를 이해하는 시간이 되었으면 한다.

2. 육군 생활은 어떨까?

부지런해진다

더 정확히 표현하면 부지런해지지 않을 수 없다. 입대하면 규칙적인 생활을 한다. 일정한 시간에 일어나 하루를 시작하고 마무리하는 시간도 정해져 있다. 이것은 입대 전에 흐트러진 생활 방식을 바로잡는 계기가 되니 긍정적으로 받아들이고 사회에 나가서도 유지한다면 자신의 인생에 큰 자산이 될 것이다.

체력이 좋아진다

육군은 이동하는 군대이다. 군은 전쟁이나 전투 수행에서 적보다 유리한 위치를 차지하기 위해 부대를 지속해서 이동시킨다. 이것을

'기동機動한다'라고 표현하며, 기동을 신속·정확히 하기 위해 평상시 계속해서 훈련한다. 훈련을 원활히 하기 위해 장병 개개인은 일정 수준 이상의 체력을 다져야 한다. 특히 육군 전술은 군인의 체력에 의지하는 경우가 많다. 차량이나 항공기를 이용하기도 하지만, 대부분 도보나 구보로 기동하는 경우가 많기 때문이다. 기동 훈련하니 자연스럽게 체력 수준이 높아진다.

대인관계가 좋아진다

군부대의 한정된 환경에서 다양한 사람과 대인관계 능력을 익히게 된다. 입대하면 내무생활을 하는데 한 생활관에서 단체생활을 한다. 장교와 부사관은 생활관은 아니지만, 부대 내 관사(독신자 숙소)에서 생활한다. 부대 내 한정된 공간에서 많은 사람이 생활하며 부대낄 수 있는 것이다.

육군도 다양한 사람이 모이는데 육·해·공군 중에서 가장 대군인 만큼 다양한 직업, 학력, 성향의 사람이 있다. 같은 군복만 입을 뿐 다른 환경에서 온 다른 성격, 다른 가치관을 가진 사람들이다. 그들과 생활관이란 공간에서 어울려 지내며, 좋든 싫든 24시간 같이 있어야 한다.

물론 이런 상황이 생각에 따라 힘들게 느껴질 수도 있지만, 한발 물러서서 생각하면 한 단계 성장할 기회다. 다양한 사람의 존재를 깨닫고 싫은 사람과 공존하는 기술을 배운다. 이 과정에서 자신의 단점을 깨닫고 고칠 수도 있고, 더 넓은 마음을 가질 기회가 되기도 한다.

복무기간이 짧다

육군은 복무기간이 타군에 비해 짧다. 병사는 18개월로 해군(20개월)과 공군(21개월)보다 수개월이 빠르다. 장교도 비교적 타군에 비해 짧은 편이다.[1] 빠른 사회복귀를 원한다면 육군이 적합할 수 있다.

경기 북부와 강원도에 편중된 부대

육군 부대는 경기도 북부와 강원도에 편중되어 있다. 육군의 최우선 역할이 휴전선을 지키는 것이기 때문에 주력부대는 휴전선 부근과 후방인 경기도 및 강원도에 있다. 물론 중부 및 남부에도 있지만 대부분 지역 방위사단(구 향토사단)이나 훈련소만이 드문드문 있다.

경기도 북부와 강원도 부대의 특징은 주변에 대도시가 없다는 점이다. 경기도 주요 도시 주변에도 부대가 있지만, 전방으로 갈수록 도시의 흔적은 점점 사라진다. 그만큼 도시의 문화적인 혜택, 대중교통 등 편의시설이 없기 마련이다. 특히 서울 같은 대도시에서 생활하다 입대한 장병의 경우 그런 환경이 처음에는 불편할 수 있다.

육군의 휴가

육군 병사의 정기휴가(연가)는 24일이다. 이는 육군 병사 18개월 복무기간을 고려해서 설정된 것이다.[2] 이외에도 신병위로 휴가[3], 입

---

1 육군 학군사관의 의무복무기간은 2년 4개월, 공군 학군사관의 경우 3년이다.

2 해병대 24일, 해군 27일, 공군 28일

3 입대 후 처음 받는 휴가이다. 훈련을 마치고 자대 배치 후 주어지는 예전 군대에서 불리던 '백일휴가'와 같은 개념이다. 보통 입대 후 100일쯤에 받을 수 있다.

대, 포상 휴가, 위로 휴가, 보상 휴가, 청원 휴가 등이 있다. 이외에는 외출과 외박이 있다.[4] 외출, 외박은 공휴일에만 사용할 수 있다. 육군은 부대 행사 및 훈련에 충실하게 임하면 정기휴가 외에 추가적인 휴가를 얻을 수 있다. 3~4개월 기간을 두고 각종 휴가와 외출·외박을 잘 조합해 밖으로 나올 수 있다. 참고로 육군 병사의 2018년 평균 휴가 일수는 59일이었다.

---

4 외출, 외박은 공휴일에만 사용할 수 있다.

3. 해군 생활은 어떨까?

휴가가 풍족하다

해군은 타군 대비 풍족한 휴가를 받을 수 있다. 해군 병사의 공식적인 휴가 일수(연가)는 27일이다. 이는 의무복무기간 20개월을 고려해서 설정된 것이다. 이외에도 포상 휴가, 위로 휴가, 보상 휴가, 청원 휴가 등이 있다. 해군 병사는 함정근무 기준으로 평균적으로 50일 정도 추가로 나간다. 즉 정기휴가 27일에 특별휴가 일수 50일을 더하면 총 80일 정도 휴가를 나가는 것이다. 너무 많다고 생각할 수 있는데 함정근무에 대한 프리미엄이라고 이해하면 된다. 함정근무 7개월 이상부터 한 달에 한 번씩 별도의 보상 휴가가 2박 3일 나온다. 정기외박은 6주마다 2박 3일이 가능한데 육상 근무자도 같다.

특이한 점은 외박(2박 3일)과 휴가(2박 3일)를 연계(5박 6일)해서 사용할 수 있다. 타군은 외박과 휴가가 연계되지 않는 경우가 있다. 그래서 외박 중 휴가 신고를 위해 다시 부대에 잠시 복귀하는 불상사가 발생하지 않는다. 평일 외출은 주 1회(월 4회) 가능하다.[5] 결과적으로 함정근무 7개월 이상부터 매달 8~10일 정도 밖으로 나간다.

함정의 제한된 생활공간

함정 생활환경은 배에 따라 다르니, 일괄적으로 말하기는 어렵다. 구형 함정과 신형 함정 그리고 함정의 크기에 따라 안에서 생활하는 장병의 삶은 당연히 달라진다. 하지만 확실한 건 입대 전 생활보다 열악하다는 점이다. 많은 인원이 물리적인 공간의 한계가 있는 배에 탑승한다. 낮은 천장, 3층 침대, 통로 역할을 겸하는 침실 등 매우 협소한 곳에서 다수의 인원이 아웅다웅하며 생활한다. 이런 환경은 구성원이 지상에서 느끼지 못한 새로운 스트레스에 노출된다.

물론 기본적인 생활 여건은 갖춰져 있고 더 좋아지고 있다. 건강을 위한 운동기구 등 편의시설이 있으며, 사이버지식정보방에서 게임도 가능하다. 함정이 크고 최신 함정일수록 환경은 더 나아진다.

해외파병을 경험할 수 있다

해군은 타군보다 해외로의 파병 가능성이 크다. 장교나 부사관의 간부가 아닌 병사 신분으로도 전 세계로 파병 갈 기회가 많다. 현재

---

5 육상근무자 외출은 월 2회

아덴만에서 해적으로부터 민간 선박을 보호하고 국제 해양 안보작전을 수행 중인 청해부대가 대표적이다. 그 밖에도 대한민국 국민이 있는 곳이라면 어디든 가는 해군은 전 세계를 활동 영역으로 한다.

매년 로테이션으로 진행되어 파병 가는 구축함에 근무한다면 자연스럽게 파병을 갈 수 있다. 다른 배를 타도 파병 예정 함정의 공석 지원을 통해 해외파병 나가는 함정에 승선할 수 있다.[6] 청해부대는 연 3회 수준으로 함정의 공석 지원을 받는다. 그 밖에도 RIMPAC(환태평양 훈련) 및 순항훈련 등의 해외파병 활동이 있다.

목돈을 모을 수 있다

해군은 20대에 목돈을 갖고 전역할 수 있다. 이를 가능하게 하는 건 함정탑승에 따른 수당을 추가로 받기 때문이다. 해군 병사의 경우 기본 봉급[7] 외에 함정 근무수당과 함께 함정이 출동하면 출동 가산수당을 추가로 받는데 모두 합치면 매월 평균 80만 원이 넘는 금액을 받는다. 간부는 더 많은 수당을 받는다. 2022년 기준으로 장교는 단기복무 장교 장려금 제도가 약 600만 원 지급된다. 학사장교, 학군장교 등 단기장교로 임관한 장교는 일정 금액의 장려금을 받으며, 함정 근무 수당도 받는다.[8] 출동가산금도 하루 약 1만 원 정도이며, 부사관은 현역병에서 부사관으로 신분이 전환되면 약 500만 원의 부사

---

6 해군사관학교에서 임관을 앞둔 4학년 사관생도에게 해군 장교로서 필요한 전문지식과 실무적응능력을 배양시키고 순방국과 우호를 증진시키기 위한 다목적 군사훈련

7 2022년 기준 병장 봉급은 월 67만 6천 원

8 2022년 기준 잠수함 약 70~80만 원, 수상함 약 30만 원

관 장려수당도 받는다. 이외에도 함정 근무수당, 출동가산금도 장교와 동일하게 받는다. 결과적으로, 해군 생활은 목돈을 모을 수 있다. 단기복무라 하더라도 기본적인 수당이 많아 더 많은 소득을 올린다. 또 함정에서의 생활은 소비를 줄일 수 있는 환경이기도 하다.

군대 맛집은 함정 식사

함정에서는 밥이 맛있다. 배고프고 힘들어서 맛있는 게 아니다. 해군은 군에서 유일하게 조리 부사관을 둘 정도로 식사에 대해 신경을 많이 쓴다. 실제로, 식사에 대한 예산도 타군보다 더 많이 책정되어 함정에 탑승하면 먹는 것은 매우 만족스러울 것이다.

함정 전문가가 될 수 있다

해군의 기술은 배워두면 내부적으로 활용할 뿐만 아니라 대외적으로도 활용도가 높다. 함정이라는 플랫폼은 군대뿐만 아니라 민간에도 있기 때문이다. 공통적인 부분이 많으니 해군에서 업무를 열심히 하면 민간 선박의 경력을 인정받을 수 있다.

특히 해군 부사관은 기술 부사관으로서 높은 전문성을 갖는다. 타군은 보통 장비에 대한 관리·운용자와 정비자가 구분되나, 해군은 부사관이 두 가지를 모두 수행한다. 따라서 해군 부사관은 장비를 관리하며 동시에 운용 전반에 걸친 전문기술을 가진다. 이런 전문성은 향후 민간 조선소, 해경으로 진출할 수 있는 경력으로 인정받아 군대뿐 아니라 취업에도 유리하다.

배에 계속 있을지는 내가 결정한다

해군 병사는 6개월 이후에도 함정에 남을지를 스스로 선택할 수 있다. 함정 근무의 병종 특기를 선택했더라도 6개월 후에 앵커를 박을지 말지를 결정하는데 앵커를 박으면 근무를 계속하고, 육상 근무를 신청하면 새로운 육상 부대의 새로운 보직으로 이동한다.

대도시의 해안가로 고르게 분포된 부대

해군부대는 대도시를 중심으로 위치한다. 진해, 부산, 동해, 평택, 목포, 제주도, 인천, 서울, 대전 등 대부분이 광역시 이상 또는 인프라가 잘 구축된 해안가 도시이다. 그로 인해 해군 장병은 대도시 혜택을 누리는데, 외박이나 휴가를 나갈 때 도로에서 버리는 시간을 줄여준다. 물론 희망하는 부대로 모두 가는 것은 아니다. 교육 기간에 희망 근무지역을 조사하지만 그대로 배치하지 않고, 전역자(전역 예정자)를 고려해 인원 할당 및 전산 분류를 통해 보직을 결정한다. 하지만 대부분의 부대가 도심 주변에 있어 환경의 불편함은 없을 것이다.

풍부한 생활용수

육지와 떨어져 일정 기간을 보내는 해군은 어디에서 물을 구할까? 일반적으로 함정은 넓은 바다 한가운데에서 활동한다. 그런 만큼 함정에 탑승한 승조원은 물을 접할 기회가 적다. 물론 주변에 많은 물(바닷물)이 있지만, 실생활에서 바닷물의 활용범위는 넓지 않다. 수시로 마시는 식수나 빨래, 세면에 바닷물을 바로 사용할 수는 없으니 말이다. 이런 점에서 해군에 관심 있는 사람은 물 사용에 있어서 제약이 있지 않을까 궁금할 것이다. '물을 아껴야 하는 상황이 있을까?' 하는 우려다.

결론부터 말하면 걱정할 필요 없다. 물이 없는 환경이지만, 삶에 불편함을 초래하지 않는다. 목이 마를 때는 식수를 마실 수 있고, 세면이나 샤워도 부족하지 않게 할 수 있다. 하지만 얼마 전까지만 해도 항해 시 물은 식수나 취사에 이용하는 것이 최우선이며 세면이나 목욕, 세탁에 이용하는 물은 극히 제한받았다. 승조원은 귀한 물을 버리기 전에 한 번이라도 더 사용하려는 해군만의 물 사용에 대한 관습이 있었다. 예를 들면, 물 한 바가지로 얼굴을 씻고 머리 감은 후 발을 닦고 마지막으로 양말을 세탁하는 식이다. 함정에서 물은 비록 한 바가지의 적은 양이라도 육지와는 비교되지 않을 정도로 가치 있다.

최근 들어 뛰어난 성능의 '조수기'가 보편화되어 물을 금 같이 여기던 과거의 풍조는 많이 사라졌다. 조수기Fresh Water Generator는 물을 걸러내는 장비로 바닷물에서 염화나트륨, 불순물 등을 걸러내어 '마실 수 있는 담수'로 만든다. 현재 조수기는 400톤급 이상 함정 필수 장비이다. 400톤급 이하 함정은 임무 기간이 비교적 짧아 '출항 시 적재'하였거나 '타 함정으로부터 공급받은 물'로 충분하다. 조수기를 통해 얻은 물로 해군장병은 함정에서 일상생활을 유지할 수 있다.

만약 조수기가 없다면 삶의 질이 떨어질 것이며, 함정은 신선한 물을 얻기 위해 짧은 주기로 항구로 복귀해야 한다. 바다로 나가지 못하는 해군은 '지상에 있는 전투기'처럼 전투력이 낮을 수밖에 없다. 이렇게 조수기는 해군장병의 생활과 임무 수행에 상당한 영향을 끼치며 해군을 선택한 당신의 군 생활을 더 윤택하게 만들어줄 것이다.

4. 공군 생활은 어떨까?

복무기간이 다소 길다

공군 복무기간은 타군에 비해 길다. 병사는 21개월로 육군(18개월)과 해군(20개월)보다 수개월이 더 길다. 장교도 비교적 긴 편이다.[9] 빠른 사회복귀를 원한다면 불리한 선택이 될 수도 있다.

대도시에 고르게 분포된 부대

공군부대는 해군과 마찬가지로 대도시를 중심으로 위치하는데 서울, 수원, 서산, 청주, 원주 등 모두 광역시 이상 또는 인프라가 잘 구

---

9 육군 학군사관의 의무복무기간은 2년 4개월인데 반해 공군 장교의 경우 최소 3년이다.

축된 내륙 도시이다. 해군과 다른 점은 내륙 깊숙한 지역에도 부대가 있다는 점이다. 공군 장병도 대도시 혜택을 누리며 국내 어디에도 불편하지 않게 갈 수 있다. 병사는 자기가 희망하는 지역의 부대로 갈 수 있다. 교육 기간에 희망 근무 지역을 조사하는데 개개인의 의견을 최대한 반영해 준다. 단 교육 시 성적을 잘 받아야 1 지망으로 갈 수 있다. 아니면 2 지망, 3 지망 및 그 이하를 선택해야 할 수도 있다.

휴가가 길다

공군의 병사휴가는 타군(육군, 해병대) 대비 더 많다. 우선 정기휴가(연가) 기간이 28일이다. 이는 공군 병사 21개월 복무기간을 고려해서 설정된 것이다.[10] 이외에 6주마다 2박 3일(군사경찰은 3박 4일)의 외박(공군에만 있다)이 있고, 외진 곳에 근무하면 20일을 더 받는다. 그밖에도 기본 군사훈련 직후의 격려 외박, 포상 휴가(최대 18일), 위로 휴가, 보상 휴가, 청원 휴가 등이 있다. 사역에 충실하거나 자기 일을 성실히 했다면 정기휴가 외에 추가적인 휴가를 얻게 된다.

장교와 부사관은 타군과 같다. 정기휴가는 1년 기준 21일이다. 그 외 포상 휴가, 위로 휴가, 보상 휴가, 청원 휴가 등이 있다. 단, 병사와 다르게 외출과 외박은 없다.

자기계발 분위기가 형성된다

또 공군은 수능 시험 준비, 자격증 시험 준비 등 각종 학습을 장려

---

10 육군 24일, 해병대 24일, 해군 27일

하는 분위기가 형성되어 있다. 시험을 준비하거나 공부하려는 의지가 있다면 추천한다.

불침번을 서지 않는다

일반 병사나 간부는 불침번을 서지 않는다. 불침번 임무는 기지 내 군사경찰대대에서 전담하고 있다. 단, 각종 훈련이나 필요하면 일반 병사와 간부가 불침번에 투입된다.

항공기 소음이 심하다

비행단에서 운용 중인 군용기가 이·착륙할 때 큰 소음이 발생한다. 특히 전투기가 이륙 시에는 자동차 경보기가 울릴 정도로 소음이 강하다. 이 때문에 청력 관리를 잘해야 한다.

부대가 넓어 도보로 이동이 어렵다

공군부대는 다양한 부대가 모여 있어 대체로 면적이 넓다. 같은 테두리에 있어도 부대 간 거리가 멀고 더욱이 중간에 활주로가 있다면 직선거리는 가까워도 활주로를 둘러서 이동해야 해서 도보로는 이동이 제한된다. 이런 이유로 부대 내 이동은 차량을 통한 것이 일반적이다. 이러한 환경은 간부들의 차량 소유 욕구를 부채질하기도 한다. 특히 초급 간부는 불편함을 느끼고 차를 사는데 재테크 관심이 있다면 불리한 점으로 작용할 수 있다.

5. 특수부대는 어떨까?

군대 소재 방송이 이렇게 인기를 끌 수 있구나!

돌풍을 일으킨 〈강철부대〉를 보며 든 생각이다. 군대 방송은 특유의 분위기나 내용 때문에 대부분 딱딱한 다큐멘터리로 시청률도 낮고 대중의 관심 밖이었다. 그런데 이번은 달랐다. 시청자는 그들의 역동적이고 최선을 다하는 모습에 열광했다.

원인은 다양하겠지만 우선 주제가 신선했다. 그동안 알고 있었지만 잘 모르는 군대, 특히 특수부대를 소재로 했기 때문이다. 가까운 누군가가, 아니면 누군가의 누군가가 특수부대에 대해 말하는 것을 들어봤을 것이다. 그러나 군대라는 보안의 특성상 대놓고 말하기 어렵기 때문에 우리는 정확히는 모르고 있다. 이 프로그램은 그런 특수부대를 예능의 형태로 표현했다. 그것도 대결의 형식으로 말이다. 대결은 당사자는 괴롭겠지만 보는 처지에서는 재미있다. '그 많은 특수부대 중 누가 강할까?' 하며 결과가 궁금해진다. 〈강철부대〉는 육·해군의 특수부대 출신을 대상으로 각종 상황을 설정해 신속하고 정확한 조치를 겨루게 했다. 서바이벌 형식으로 최종 우승자를 가렸다.

특수부대는 특수하고 광범위한 임무를 수행한다

특수부대는 비정규전,[11] 대(對) 비정규전,[12] 대테러 작전과 같은 특수작전을 수행하는 부대이다. 이것은 '일반부대'가 수행하는 정규전이 아닌 전쟁에 투입되는 부대라는 의미이다.

일반부대는 보통 공간이나 시간적인 면에서 '정면으로 맞서는' 전투에 투입되는데, 특수부대는 정면이 아닌 우회하거나 후방에서 '예측하기 어려운 시점에서' 군사작전을 수행하거나, 정치적인 선동, 선전, 포섭 등 광범위한 범주에서 임무를 수행한다. 특수부대는 각 군(육·해·공군)에 소속되어 있어 각 군의 작전 목표 달성을 위해 육성하고 다양한 방식으로 활용한다.

특수부대의 우열을 가릴 수 있을까?

특수부대는 서로 우열을 비교할 수 없다. 물론 예능 프로그램에서

---

11 Unconventional Warfare, 비정규군이나 비정규병이 주력이 되어 벌이는 싸움

12 가능한 모든 수단과 방법으로 책임 지역 내에서 군사 활동 및 비군사 활동을 포함한 적의 비정규전을 예방, 저지, 격멸 및 소탕할 목적으로 수행되는 여러 작전. 대침투 작전, 대유격 작전, 심리전, 정보 활동, 주민 및 지역의 경계와 통제, 그리고 대민 지원 활동 따위가 있다.

는 순위를 매겨야 했기에 최종 우승자가 나왔지만 말이다. 특수부대는 각각의 목적과 임무가 다르며, 그 목적에 맞게 특화된 훈련과 교육을 받는다. 그에 반해 방송에서 주어진 상황은 특정 부대에 유리하게 작용했을 가능성이 크다. 특정 상황에 대해 훈련받지 않은 부대는 그만큼 숙련도의 차이가 있을 수 있다.

우리나라 주요 특수부대의 존재 목적은 무엇인지, 어떤 임무에 투입되는지 알아보자! 물론 대중이 알면 안 되는 내용도 있어서 표현하는데, 한계가 있을 수 있다. 여기에서는 어떤 부대가 있고 각각의 차이점을 중심으로 설명하는 수준에서 멈출 것이다.

1 특전사_육군 특수전사령부(SWC)

구호	심벌마크	창설일
안 되면 되게 하라		1958년 4월 1일

첫 번째로 소개할 육군 특수전사령부Special Warfare Command는 육군 소속의 특수작전부대, 흔히 '특전사'라고 불리는 부대이다. 특전사는 특수전, 특수한 전쟁 및 전투를 수행한다. 특전사의 역할은 암살, 교란[*], 후방 침투, 게릴라전, 적 주요시설 파괴, 특수정찰, 정보전, 항

폭 유도[13], 대테러, 인질 구출 등이다. 특수전사령부 예하에 있는 수 개의 여단[14]과 주특기에 따라 임무가 달라진다. 전시와 전시 전에 적진 한가운데에 뛰어들어야 한다. 일당백의 능력을 갖추며, 강인한 체력과 상황판단 능력, 극도의 인내심은 당연히 가져야 한다.

이러한 특전사는 부사관 이상 간부 중심의 군으로 특전사에서 부사관이 차지하는 비중은 90%에 달한다. 나머지는 장교와 병사로 구성되는데 장교는 순환보직으로 특전사에 지속해서 있을 수 없으며, 병사는 주로 작전을 지원한다. 대테러를 하는 대원들이 작전에만 집중할 수 있도록 취사, 행정, 정보 등을 지원하는 임무 말이다.

특전부사관 지원가능시기 및 자격 기준

출처 : 특수전사령부 홈페이지(https://www.swc.mil.kr)

구분	내용
지원가능시기	연중 가능(연간 4개 기수)
자격 기준	• **연 령**: 임관일 기준 만 18~27세 이하군 복무 여부에 따라 3년까지 연장 가능 • **학 력**: 고졸 이상 또는 이와 동등 이상의 학력 소지자(중학교 졸업자는 국가기술자격증 취득자에 한하여 지원 가능) • **신체등급**: 신장·체중 신체등위 2급 이상자, 나안시력 0.6 이상자 • **결격사유**: 군 인사법 제10조 임관 결격사유 및 육규 인력획득 및 임관규정 적용

특전사의 임무를 수행하기 위해서는 부사관 이상으로 입대해야

---

13 아군 전투기를 통제하여 목표지점에 대한 정확한 항공 화력 투하를 유도

14 Brigade, 사단보다 작으나 연대보다 큰 단위부대로 본부와 2개 이상의 단이나 대대로 구성되며 전술작전을 수행하는 편제 부대임. 준장급(Brigadier General)의 장성이 지휘함.

한다. 특수전을 수행하기 위한 전문적인 능력과 숙련된 기술을 기르는 것은 많은 투자와 교육 기간이 필요하므로 충분한 활용 기간이 확보되어야 한다. 비교적 짧은 기간을 근무하는 병사는 기간적인 한계가 있다.

일반 육군 부대는 분대, 소대, 중대, 대대로 편성되지만, 특전사는 12명 내외의 팀 단위의 작전이 기본이다. 팀은 부대의 임무와 특성, 작전의 효율성에 따라 다르다. 앞서 설명한 비정규전은 분대, 소대, 중대 같은 정규 편제로는 효율성이 떨어지기 때문이다.

❷ 제707특수임무단_특전사 중의 특전사

구호	심벌마크	창설일
행동으로 논리를 대변하고, 결과로써 과정을 입증한다.		1981년 4월 17일

707은 특수전사령부의 직할 특수임무 부대로 정식 명칭은 제707특수임무단(이하 특임단)이다. 707 특임단의 전신인 606 특임대는 박정희 대통령 시절 북한에서 남파된 무장공비 침투사건[15]을 계기로

---

15 606 특임대는 박정희 대통령이 살해당한 뒤 27 특임대로 이름이 바뀐다. 12·12 사태에서 3공수 여단장이 특전사령관에게 반기를 들어 특전사령관에게 특수부대의 총작전 지휘권이 있어도 쿠데타가 발생하면 운용할 수 있는 직속 부대의 필요성을 느껴 창설하게 되었다.

만들어졌다. 특전사의 예하 부대 중 하나임에도 707이 유명한 이유는 전에는 철저한 비밀에 부쳤기 때문이다. 부대의 존재는 물론이고 심지어 개인의 신상까지도 가려진 부대였다. 민간에 존재가 공개된 시기는 1982년 올림픽 개최되어 올림픽을 준비하며 알려졌다.

707의 주 임무는 대테러 작전이다. 올림픽에서 707 특임대대의 임무는 대테러 진압이었다. 대테러 작전anti-terror operation이란 테러를 방지하거나 진압하기 위한 작전을 말한다. 미국의 911 테러와 같은 대규모 테러에서 소규모 개인의 파괴행위까지 여러 종류의 폭력을 사전에 차단하고 해결하는 임무를 수행한다. 서울 올림픽이라는 당시에는 최고의 국제행사를 치르는 과정에 투입되었다는 것은 그만큼 707이 믿을 만한 부대임을 보여주는 것이라 할 수 있다.

그렇다고 707이 대테러 임무만 수행하는 것은 아니다. 평시에는 대테러 임무를 주로 수행하지만, 전시에는 외부 공개가 어려운 비밀 작전을 수행한다. 적진 한가운데에 투입되어 임무를 수행하는데 때에 따라서 낯선 장소에서, 위험한 임무를 수행하기도 한다. 그런 만큼 강한 체력과 정신력, 상황판단 능력, 높은 전문성을 가지는데, 훈련된 707 요원 한 명, 한 명이 중요한 국가 자원인 셈이다.

그런 만큼 선발과 교육에 힘쓰지 않을 수 없다. 707이 되는 방법은 크게 두 가지이다. 하나는 특전부사관 후보생 훈련하는 동안 지원하는 방법이고, 하나는 기존 특전사령부 근무 중 지원하는 방법이다. 즉, 특전부사관 후보생 시절 지원이 가능하고, 특전사령부 예하 여단 생활 중에서도 지원할 수 있다. 특전사 중에서도 선발된 특전사이니 정예 병력 중 정예 병력이다.

③ 해군 특수전전단(UDT/SEAL)

구호	심벌마크	창설일
희생, 명예, 단결		1955년 11월 9일

　해군 특수전전단으로 우리가 흔히 UDT라고 부른다. 해군 소속의 특수전을 수행하는 특수부대이며 대한민국 직할의 전단[16] 중 하나로 해군에서 특수전을 수행하는 부대이다.

　UDT는 1955년 수중파괴대를 전신으로 한다.[17] 현재의 UDT/SEAL이라는 이름은 미 해군 NAVY SEAL의 모체인 UDT를 벤치마킹하여 창설한 부대로 훗날 미 해군의 UDT^{Underwater Demolition Team}가 발전해 부여된 SEAL^{Sea, Air and Land}을 덧붙여 UDT/SEAL이 된 것이다 (1976년). 적 해안정찰, 첩보 획득, 해상정찰, 내륙기습 폭파 공작, 해안 장애물 제거, 기뢰탐색 및 소해, 유격대 및 요인호송, 특공대 철수 지원 및 수중 파괴 임무로 시작해 육·해·공을 가리지 않는 전천후 침투, 암살, 직접타격^{DA}, 대테러, 경호임무^{SEAL}가 추가되었다. 국내에만 국한하지 않고 적극적인 해외파병 활동을 하는데 국위를 선양하며

---

16 Flotilla, 해군부대 편제 단위 중 하나이다. 한국의 해군은 지휘관이 전단장으로 계급은 준장이며 역시 준장이 단장을 맡는 공군의 비행단급, 육군의 사단급 부대와 동급으로 간주함.

17 미국에서 UDT 교육을 받은 교관 7명과 UDT 기초 과정 수료생 26명으로 구성됐다.

실전성을 갖고 있다. 1999년 상록수부대[18]를 시작으로 2001년 해성부대[19], 2005년 인도네시아 지진해일 피해 복구지원, 2014년 필리핀 태풍 피해 복구지원, 아랍에미리트(UAE) 아크부대[20] 등 다양한 해외 파병 작전에 참여했다.

대표적인 사례는 2011년 1월의 '아덴만 여명' 작전이다. 당시 특수전전단은 소말리아 해적에 납치된 한국 화물선 삼호주얼리호에 침투해 단 한 명의 인명 피해 없이 인질 구조작전을 완벽하게 이끌었다. 아덴만 여명 작전은 해군 특수전전단의 능력을 세계에 과시한 쾌거이다. 특수전전단은 1960년대 베트남전에 참가해 비둘기부대 예하 해군수송단대와 백구부대에 속해 해군 함정의 안전을 위한 수로 정찰과 수중 장애물 제거 임무를 성공적으로 수행했다. 이 밖에도 1993년 여객선 서해훼리호 구조작전, 1996년과 1998년 북한 잠수함 수색 작전, 2010년 천안함 탐색·인양 작전에 참여했다.

특전계열(UDT/SEAL) 지원 가능 시기 및 자격 기준

---

18 평화유지활동으로 1993년 소말리아에 한국군이 최초로 참가한 후, 1999년 동티모르에 파병된 부대

19 테러 예방을 위한 국제적 연대에 동참하고 미국의 동맹국으로 대테러 작전에 필요한 지원 및 협력을 제공하기 위해 파병된 대한민국 해군 수송지원단의 전투 지원 부대

20 UAE 군사훈련협력단(Republic of Korea SW Unit in UAE) 혹은 아크 부대(Akh Unit)는 대한민국의 특수작전 교육 및 훈련 파견대. 아랍에미리트 연방군(UDF)과의 국방 협력과 아랍에미리트에 거주하는 한국인을 보호하는 임무를 맡고 있다.

특수전사령부와 UDT의 비교는 가능하다. 둘 다 특수전을 수행하고, 부대에 따라서 대테러 작전을 수행하기 때문이다. 두 부대 모두 육지, 해상, 공중 어디서든 임무 수행이 가능하도록 훈련받는다.

두 부대 모두 전천후 임무 수행이 가능하지만, 서로 주안점이 좀 다르다. 특전시는 육상작전, 그리고 육상과 관련된 작전을 중심으로 훈련이 이루어지고 해군 특수전전단은 해군으로 해상작전과 연관된 임무에 주안점을 둔다.

가령 산악에서의 임무 수행은 육군 특수전사령부가 더 익숙할 것이고, 함정에서의 임무는 특수전전단이 더 익숙할 것이다. 이처럼 서로 비교는 가능하지만 '어디가 더 낫다'라고 할 수 없는 것이 마치 같은 우등생이지만 누구는 수학을 특별히 잘하고, 누구는 국어를 특별히 잘하는 것과 같다.

4 해군 해난구조전대(SSU)

구호	심벌마크	창설일
더 넓고 더 깊은 바다로!		1949년 10월 1일

해군 해난구조전대 SSU^{Sea Salvage&Rescue Unit}는 해양 재난·사고에 대한 인양 및 구조작전 임무를 수행하는 특수임무부대이다. 평시에는

인명구조 및 선체인양 등 해난 구조작전, 항공 구조작전, 항만 및 수로 장애물 제거, 간첩선 및 격침된 적의 함정 인양을 통한 적의 정보 수집, 항공기·선박의 해양사고 규명 및 구조, 그리고 심해잠수사를 양성하는 임무를 수행하며, 전시에는 항만 개항 유지를 지원하고, 상륙작전 시 전투구조 임무를 수행한다.

해난구조전대의 전신인 해상 공작대는 1950년 9월 1일 일제강점기에 일본에서 선박을 인양하는 인원을 군무원으로 채용해 그들을 주축으로 창설되었다. 1954년 해난구조대로 개칭해 이후 수많은 조직개편을 거쳐 2018년 9월 1일부로 해난구조전대로 승격되어 특수전 부대인 해군 특수전전단에 예속되어 현재는 UDT/SEAL과 같은 부대에 속해있다.

1999년 남해에 북한 반잠수정 인양 시에는 포화 잠수 체계를 이용, 147m의 심해에서 인양 작전에 성공함으로써 세계적인 명성을 떨친 바 있다. 민간작전으로 1994년 성수대교 붕괴사고 현장 지원, 1993년 서해 침몰 페리호 인양 및 구조, 2002년 비안도 해저 유물탐사 및 인양 지원, 2003년 합천호 추락 119 헬기 인양 지원 등 국가 차원의 상비 재난 구조에도 활약을 보여왔다. 최근 2014년 세월호 침몰 사고에도 투입되어 구조활동에 투입되어 온갖 노력을 다했다.

심해잠수계열(SSU) 지원 가능 시기 및 자격 기준

5 해병대 수색대

구호	심벌마크	창설일
물같이 침투하여 불같이 타격하고 바람처럼 퇴출하라		1957년 2월 3일

해병대 수색대는 많이 들어봤을 것이다. 다른 부대에 비해 해병대는 인지도가 높은 편이다. 해병대 수색대는 해병대 중 정예병력으로 정예 중의 정예이다. 해병대 수색대는 해병대에 속한 하나의 부대로 해병대사령부 예하의 수색 임무를 수행한다.

해병대 수색대의 임무는 해병대의 상륙[1※] 여건을 조성한다. 해병대의 주 임무는 상륙작전[21]인데 바다나 강에서 육지로 진출하는 임무이다. 적이 설치한 수많은 기뢰[22]를 피해 해안가의 요새화가 된 적진을 극복하고 육지에 점령지를 개척한 뒤에 일정 기간 그것을 유지한다는 것은 성공확률이 매우 낮은 작전이며 위험하다. 세계 전쟁사에 남는 전투의 대부분이 상륙작전인 것은 이런 이유 때문이다. 이것을 수행하는 부대가 해병대이며 그에 속한 해병대 수색대는 해병대가 안전하고 성공적으로 상륙작전을 수행하도록 여건을 완성한다.

수색대는 상륙작전을 수행할 적의 해안지역에 미리 공중, 해상, 수

---

21 해상으로부터 적진에 상륙하고 기동하는 공격작전의 한 형태

22 Naval mine, 수중에 부설해 진동이나 수압 혹은 자기장이나 음향 등에 의해 폭발하며, 수상함이나 잠수함을 격침하는 데 주로 사용된다.

중, 지상 기동을 통해 침투해 상륙 본대의 눈과 귀 역할을 하는 선견
先遣 작전을 수행한다. 적의 규모와 활동, 기상·지형 등 첩보를 수집하
고 보고한다. 상황에 따라 획득 표적에 대한 제한된 타격과 화력 유
도, 전투 피해 보고를 통해 상륙 여건을 조성한다. 상륙 본대를 유도
후에는 좀 더 깊숙한 적진 중심에서 중장거리의 수색·정찰 활동과
제한된 파괴 활동 등의 임무를 수행한다.

수색대는 1%의 해병대 중의 해병으로 꼽힌다. 지원자만 받는 해
병대 중 '수색' 계열 지원자는 적합한 인원을 선발해 강도 높고 전문
성 있는 훈련을 받는다. 강도 높고 전문성 있는 교육을 원활히 받으
려면 의욕이 넘치고 우수한 인원이어야 하므로 따로 선발을 받는다.
또한 병사 복무기간 단축에 따른 인원의 충원 문제, 군사 전문성 함
양과 유지를 위해 부사관 체제로 전환 중이다. 현재는 병사와 부사관
계급이 공존하지만 향후 수색대에 가고 싶다면 부사관으로 지원도
고려해야 한다.

해병대 수색대 지원 가능 시기 및 자격 기준

해병대와 해병대 수색대의 차이

흔히 해병대와 수색대를 구분하지 않는다. 정확히 말하면 굳이 구분할 필요가 없다. 해병대 임무 안에 수색대 임무가 있어 결국 해병대 수색대는 해병대에 속한 부대이기 때문이다. 그러나 여기에서는 특수임무를 관점으로 설명하겠다.

해병대는 상륙작전을 수행하지만, 평시에는 경계와 방어를 주로 담당한다. 해안경비부대 성격으로 해안 및 해군기지 경계근무, 지상 전투를 수행하는 해군 속 육군의 성격을 띤다고 생각하면 쉽다.

반면에 수색대는 경계 임무를 수행하지 않으며, 평시에도 특수임무를 수행한다. 앞서 설명한 특수부대인 UDT/SEAL 교육 프로그램에도 참여한다. 특수부대와 훈련이 겹치는 부분이 많으며 해병대와는 성격이 다르다. 보통 언론매체를 통해 접하는 해병대 모습은 대부분 수색대 모습이다. 복제도 다른데, 해병대가 팔각모를 쓰는 반면에 수색대는 진녹색 베레모를 착용한다.

6 공군 공정통제사(CCT)

구호	심벌마크	창설일
First There, Last Out		1978년 4월

공정통제사는 Combat Control Team 알려지지 않은 부대이다. 2021년

아프가니스탄 교민의 귀환인 '미라클 작전'으로 언론의 조명을 받았다. 전시에 가장 먼저 적진에 침투해 '하늘길'을 열어주는 역할을 해 일명 '침투로의 개척자'라고 한다.

공정통제사 중 '공정'이란 '항공기를 이용해 물자 및 병력을 목표지역에 투하'하는 행위를 의미한다. 공정통제사는 이 공정작전을 통제하는 역할을 하며 투하 지점을 확보하고 통신 및 항법장치를 활용해 수송기가 안전하고 정확하게 물자와 병력을 투하하도록 유도한다.

가장 먼저 적진에 들어가는데, 특전사나 UDT보다 더 먼저이다. 공정통제사는 등대와 같은 임무를 수행하기 때문에 특수부대가 적진에서 임무를 적절하게 수행하도록 정확한 지점에 투하되고 물자와 같은 후속적인 지원이 원활해지도록 돕는다. 먼저 들어간 공정통제사는 특수부대를 정확한 지점으로 투입되도록 유도하는 등대 즉 '야전 관제사' 역할을 한다. 공정통제사가 없다면 특수부대라도 적소에 투입되기 힘들고 후속 지원 물자가 원활히 투입되기 힘들다.

적진에 은밀히 침투하기 위해 고공 침투, 육상 침투, 수중 침투의 다양한 전술 역량이 필요하다. CCT 선발과 훈련과정은 그만큼 강하고 다양하다. 공정통제사는 육·해군 지원, 연합 특수전사령부 특수작전, 항공기 지상 작전의 전문가로 현재는 대테러 임무까지 추가된 상태다. 육군 특전사의 공수 기본 및 고공강하, 대테러 교육, 해군 UDT/SEAL의 교육까지 받으며 군 비행장 및 항공기 테러 대응에 '특화된' 대테러 작전을 수행한다.

국민이 해외에 고립되어 군 수송기로 구조할 때 공정통제사가 동원될 가능성이 크다. 미라클 작전처럼 말이다. 미라클 작전은 공정통제사의 존재를 일반인에게 알리는 계기가 되었는데 이전에는 존재가 드러나지 않았다. 이는 인원이 타 부대에 비해 수십 명 정도로 소수이기도 하지만, 대민 지원활동이 없었기 때문이다. 미라클 작전은 2021년 아프가니스탄에서 이슬람 무장단체 탈레반[23]의 공세로 아프가니스탄의 수도 카불이 함락되면서, 정부가 주아프가니스탄 대한민국 대사관과 KOICA[24]에 협력한 아프가니스탄인을 구출해 국내로 이송한 것을 말한다. 공군은 전술 수송기와 다목적 공중급유 수송기를 급파해 한국행을 원하는 아프가니스탄인 391명을 무사히 탈출시켰다. 여기에서 공정통제사는 카불 공항의 모든 시설이 마비되고 테러가 발생할지 모르는 상황에서 항공기 이착륙 유도부터 검문검색, 비행 중 경계 임무를 맡아 수송기에 탑승하는 아프간인을 보호하는 대민 지원 임무를 수행했다.

공정통제사의 자격 기준은 타 특수임무부대에 비해 지적인 측면을 더 요구한다. 특수임무부대라면 기본적인 각종 체력적인 자격증, 무도단증 이외에도 어학 능력, 항공교통관제 능력 등이 필요하다. 이는 실제 작전에서 전문적인 지식을 활용하기 때문이며 타군과의 합동작전, 타국과의 연합작전으로 원활한 의사소통을 위해 언어 등의 지식이 필요하기 때문이다.

| 공정통제사 지원 가능 시기 및 자격 기준 | |

---

23 아프가니스탄의 이슬람 극단주의 무장 단체
24 한국국제협력단, 한국의 국제개발 사업을 주관하는 외교부 산하 위탁집행형 준정부기관

7 제6탐색구조비행전대(SART)

구호	심벌마크	창설일
언제 어디든 우리는 간다		2008년 9월 8일 미군으로부터 인계

제6탐색구조비행전대 정확히 말하면 항공구조사이며 적 지역에 격추된 조종사나 주요 인물을 구조하기 위해 존재하는 공군 특수작전 요원을 일컫는다. 즉, 전투기 조종사가 항공기 격추로 적지에 추락하거나 중요한 요인이 위급한 상황일 때 출동하는 부대이다.

항공구조사가 중요한 이유는 항공기 조종사의 가치가 매우 높기 때문이다. 조종사 한 명을 양성하는 비용은 천문학적이다. 10년 동안 1인의 조종사 양성 비용은 적게는 수십억 원에서, 많게는 100억을 초과한다. 이처럼 국가의 많은 자원이 조종사 한 사람에게 투자되는데 인력양성에 필요한 시간이 교관급 조종사는 보통 10년의 세월이 필요하다. 즉, 작전 수행이 가능한 베테랑 조종사를 만드는데 10년의 세월이 필요한 것이다. 비용은 그렇다 치더라도 양성하는 데 걸리는 시간은 되돌릴 수 없으니 조종사는 국가의 소중한 자산이며 반드시 구해내야 할 대상이다. 그래서 항공기가 추락하면 항공기의 파손보다 더 중요한 조종사를 구출하기 위해 항공구조사가 투입되며 그들은 제6탐색구조비행전대 소속이다.

탐색구조비행전대는 말 그대로 탐색과 구조를 임무로 한다. 항공

구조사는 적지에 추락한 조종사를 구조하기 위해 훈련하며, 어떠한 악조건에서도 조종사를 탈출시키는 임무를 수행한다. 대한민국 공군의 항공구조 임무는 원래 미 공군이 담당하다가 2008년 9월 30일로 인계받아 대한민국 공군이 독립적으로 수행하게 되었다. 탐색구조비행전대는 부대 특성상 부대장과 중대장을 제외하고 전원 부사관으로 이루어진다. 탐색구조 임무를 수행하기 위해서 전문성이 필요하므로 선발이 까다롭다. 당연히 체력적인 면을 갖춰야 하며, 응급구조사 및 어학 능력도 필요하다. 이는 임무 특성상 타국과 연합작전의 여지가 높기 때문이며 공정통제사와 같이 지적인 능력이 필요하다.

제6탐색구조비행전대 지원 가능 시기 및 자격 기준

8 군사경찰 특수임무대(SDT)

구호	심벌마크	창설일
대한민국을 경호한다		1977년 12월 15일

군사경찰 특수임무대SDT는 군에서 초동 조치, 대테러 작전, 요인 경호, 무장 탈영병 체포, 일반재난구조 임무 등을 수행하는 군사경찰

부대다. 이들은 대테러 초동 조치, 일부 부대는 대테러 특수임무를 수행하고 드물지만, 유사시에는 직접 진압까지 수행하기 때문에 훈련 강도가 높다. 이러한 부대 특성상 군사경찰 병력 중 최정예 병력으로 구성되며 '군사경찰 중의 군사경찰'로도 불린다. 경찰특공대와 마찬가지로 군 관련 사건 발생 시, 일반적인 군사경찰이 감당하지 못할 정도의 상황이 되면 군사경찰특임대가 투입된다.

군사경찰 특수임무대는 민간 경찰의 경찰특공대(SWAT)에 해당하는 군사경찰(구 헌병 병과)에 해당한다. 각 군이 사령부에서 사단(육군, 해병대), 함대(해군), 비행단(공군)까지 모두 특수임무대를 보유하며 임무가 조금씩 다르지만 대부분 유사한 업무를 수행한다.

특이점은 주로 용사(병사)로 구성되어 있다는 점이다. 앞서 설명한 특수부대 중 드물게 부사관이 아닌 병사 중심의 부대이다. 따라서 특임대가 되기 위해서는 병사로 가는 방법이 가장 일반적이다.

군사경찰 특수임무대는 대부분 지원제로 인원을 선발하며 병무청 모집병에서 '특임군사경찰'이라는 병과에 지원하면 된다. 육군은 특임군사경찰을 선발할 때 별도로 뽑지만, 해군과 공군은 우선 군사경찰 병과로 선발해 군사경찰로 기초훈련을 받고 자대 배치 후 선발 기회가 있으면 선발한다. 기회가 없으면 들어갈 수 없다. 특수임무대에 가려면 육군 특임군사경찰로 지원하는 게 가장 확실한 방법이다.

육군 특임군사경찰(321102) 지원 가능 시기 및 자격 기준

9 그 외 특수부대

앞서 설명한 특수임무부대를 제외하고도 수많은 특수부대가 있다. 그들은 존재를 알 수 없는 부대일 수도 있고 굳이 알 필요가 없는 부대도 있을 것이다. 필자도 모르는 부대가 있을 수 있다. 그들은 이름 모를 음지에서 고생하고 있다. 우리가 알아야 할 것은 지금, 이 순간에도 대한민국의 안전과 국민의 생명과 재산을 위해 땀 흘리는 음지의 그들이 있다는 점이다. 이것을 늘 잊지 말아야 하겠다.

6. 여자도 군대 간다,
여군은 어때?

여군에 관심있는 미래의 꿈나무가 있다. 주변 사람에게 듣거나, 영화, 드라마, 다큐멘터리 같은 대중매체에서 간간이 군대에 대해 접할 수 있다. 경험하고 싶고 몇몇은 장래 희망으로 생각할 수 있다.

하지만 동시에 두려움이라는 감정이 드는 게 사실이다. 두려움은 정확히 알지 못하는 데서 기인한다. 물론 군인이 '나라를 지키는 일'을 하는 것은 알지만 더 이상의 정보는 없다. 육·해·공군이 나뉘고, 그 안에 수많은 일이 있는 거 같지만, 이해가 어렵다. 군대에 다녀온 사람에게 물어봐도 이야기가 모두 다르다. 결국 두려움은 해소되지 않는다. 더 마음에 걸리는 건 자신에 대한 의문이다. '내가 군대에 잘 적응할 수 있을까?' 하는 의구심이다. 여자로서 TV에서 본 군인이 받는 강한 훈련을 따라갈지와 사회와 다른 '남성스러운' 분위기에 적응할 수 있을지 의문일 것이다. 누구나 새로운 분야에 대한 막연함 두려움은 있다. 여기에 군이라는 사회와는 조금 이질적인 특수한 집단에 대한 생소함이 더해져 더 강한 두려움과 의문에 빠질 수 있다.

대한민국 군대는 여자에게도 문이 활짝 열려 있다. 적절한 시기에 의지와 노력만 있다면 여군이 될 수 있다. 과거처럼 여자라는 이유로 입대가 제한되거나, 생활에 적응하지 못할 정도는 아니다. 남자만 군대 이야기하는 시대는 끝났다. 여군은 꾸준히 군대에서 입지를 넓혀가고 있다. 군대는 남성의 영역이라는 전통적인 고정관념을 깨뜨리고 있으며 이제 여군이라는 단어는 더 이상 어색하지 않다.

2022년 기준 전체 간부(장교, 부사관, 준사관)에서 여군 비율은 약 8.8%에 달하며 이 수치는 2019년 6.8%, 2020년 7.4%, 2021년 8.1%로 점차 높아지고 있다. 부대 인원의 10분의 1 이상이 여군이 될 모습은 멀지 않았다. 여군의 고위직 진출 정도로 실제적인 영향력을 확인할 수 있다. 2001년 간호장교 양승숙 대령이 간호사관학교장으로 보임되며 처음으로 장군이 된 이래로, 지금까지 약 20명의 여군이 반짝이는 별을 달았다. 더욱이 2021년에는 남성의 전유물이라 여겨졌던 전투병과인 육군 보병 병과에서 여군 소장이 나왔다. 여군 소장은 정정숙 소장으로 여군사관 36기(보병)이다. 여군 사단장[25], 여군 군단장[26]이 나올 날이 머지 않았다.

---

25 지상군의 전술 부대 단위인 사단(師團)의 지휘관으로, 주로 소장(2성 장군)이 보직된다.

26 육군의 전술제대 중 가장 큰 단위인 군단(軍團)의 지휘관으로, 주로 중장(3성 장군)이 보직된다.

물론 여자 입장에서 군 생활에 애로점은 있다. '여자인' 군인은 소수에 속하며 본격적으로 여군을 받아들인 역사도 오래되지 않았다. 그런 만큼 '남자인' 군인 중심으로 군대가 이끌어져 왔고, 당연히 시설과 조직 분위기가 남군 중심의 문화인 것은 사실이다.

분명한 건 이 모든 것이 점점 나아지고 있다는 사실이다. 군대에서 여군의 비율이 높아짐에 따라 여군을 위한 편의시설 및 복지혜택을 새롭게 제공하고 있다. 또한 각 부대의 지휘관은 소속 여군의 애로사항과 건의 사항에 관심을 기울이고 고충을 해결하려고 노력한다. 무엇보다 미래의 군대는 여성이 능력을 발휘하기에 적합하게 변하고 있다. 미래의 전쟁은 단순한 체력전, 소모전이 아닌 지식과 정보를 바탕으로 한 첨단과학기술 전쟁이다. 과거처럼 단순히 물리적인 체력보다 기술력, 전문성 등 정신적이며 심리적인 면에 더 무게가 실릴 것이다. 그만큼 군인에게 요구되는 능력도 달라지며 달라지는 만큼 여군이 과거보다 더 돋보이는 토대가 마련된다. 여군에 의해 발전하는 새로운 군대를 기대한다.

여군 복지혜택

1. 군숙소 등

2. 건강검진

3. 교육 및 보육지원

7. 입대 전 준비사항

입대는 개인의 관점에서 굉장한 변화이다. 첫째, 정들었던 집에서 나와 군부대 내 생활관이라는 새로운 물리적인 환경에서 살아야 한다. 둘째 새로운 규칙에 적응해야 한다. 기존의 가정 중심, 자기중심의 삶에서 군대라는 특수목적을 가진 집단에 적응해야 한다. 이런 변화는 입대 예정자에게는 큰 부담일 것이다.

그 시작이 군 훈련소인데, 훈련소는 말 그대로 군사훈련을 받는 곳이다. 훈련소는 갓 입대한 민간인을 군인으로 만들기 위한 기초 군사훈련을 실시한다. 입대자에게 훈련소 생활은 성공적인 군 생활을 위한 첫 단계이니 훈련소에서는 잘 적응하는 게 매우 중요하다. 그렇다면 성공적인 훈련소 생활을 위해서 무엇을 준비하면 좋을까?

나라사랑카드(카드를 발급받은 사람만 해당)

훈련기간 동안 급여는 나라사랑카드 계좌로 입금된다. 특히 육군은 나라사랑카드를 미지참하면 포토존 사진 촬영 서비스 제한으로 부모님께 자기 개인 사진을 보내드리지 못하게 된다. 그러니 지참하는 것이 좋으며 소액(1~2만 원)을 입금해 놓는 센스도 필요하다.

신분증

주민등록증, 운전면허증, 여권 등 자신의 신분을 증명할 수 있는 신분증이 필요하다. 미지참 시 입영이 거부되니 반드시 지참하자!

입영(합격) 통지서

이메일(모바일앱) 또는 등기우편으로 받은 입영통지서를 출력해 지참한다.

질병에 대한 입증 서류

자신의 질병을 입증하는 자료로 입대 후 신체검사 시 활용된다. 질병을 확인할 수 있는 진단서로 가까운 병원에서 발급받는다.

기술자격 및 면허증과 경력증명서 사본

특기 분류 시 활용된다.

국외 영주권(시민권자는 증명 서류)

재외국민등록부 등본(외교통상부 발행) 등 국외 영주권/시민권자에 해당한다.

지참 가능 품목

① 의약품(고혈압, 피부질환 등)

　 입대 전 복용하던 의약품은 군의관 확인 후 복용할 수 있지만, 질병을 확인할 수 있는 진단서가 필요하다.

② 화장품 : 스킨, 로션, 선크림, 클렌징 폼(튜브, 플라스틱형)

③ 안경 : 안경집 포함

지참 불가 품목

① 귀중품 및 전자제품(카메라, MP3, 디카, 목걸이·반지 등 액세서리)

　 지참 불가 품목이며 입대 후에도 실질적으로 쓸데가 없다.

② 의약품, 담배, 음식물, 라이터 등

③ 현금 : 입영 후 필요한 경비는 모두 급여에서 전액 지불되어 현금 휴대가 불필요하다.

유의 사항

① 부대 주변 또는 인터넷에서 판매하는 세면 가방, 세면도구, 군번줄, 고무줄, 바느질 세트, 양말, 펜, 손톱깎이, 군인 수첩, 전투화 깔창, 상비약 등은 살 필요가 없다. 이 물품은 입영부대에서 지급한다.

② 현금 휴대는 기본적으로 불필요하며, 군에 따라서 귀가에 필요한 최소한의 금액으로 5만 원 정도 준비하자!

③ 두발은 단정한 스포츠형이나 삭발은 금지하며 복장은 간소하게 한다. 특히 입영 시 입었던 사복은 집으로 되돌려 보내니 복장은 편하게 입으면 된다.

④ 소포 접수는 '의약품'과 '안경'만 가능하다.

⑤ 군 입영 휴학 처리 : 학생은 반드시 '군 입영 휴학 처리'를 하자!

⑥ 휴대전화 일시 정지하거나 명의 변경 처리

⑦ 유료 인터넷 사이트 해지

⑧ 금융채무 불이행자(신용불량자)의 경우

군 복무자 채무감면·상환유예 제도

1. 지원대상 : 금융회사 채무를 3개월 이상 연체하고 있는 군 복무자 및 6개월 내 입대 예정자

* 직업군인이나 병역 특례병이면 일반 신용회복 지원 프로그램 이용

2. 지원내용

가. 채무감면

나. 채무상환 유예
 - 전역 시까지 채무상환 유예
 - 전역 후 취업 시까지 최장 2년 이내에서 추가 유예

4. 최장 10년 이내 분할상환 지원

5. 신청 비용(5만 원) 면제

신용회복위원회에 특별지원신청

보이스피싱 주의

훈련 시 보직 알선이나 사고를 빙자해 금전이나 신상정보를 요구하는 사례가 있다. 이런 경우 먼저 훈련소에 사실 여부를 확인한다.

☎ 주요 문의처

- **육 군** : 041)740-7004 (09:00~18:00) / 041)740-7330 (18:00~09:00)
- **해 군** : 055)907-2671~3 / 055)907-2691~3 / 055)907-2611
- **공 군** : 055)759-5397
- **해병대** : 1855-3653

이 밖에 세부 사항은 군별 홈페이지에서 확인할 수 있다.

1. 육군훈련소 홈페이지 www.katc.mil.kr

2. 해군교육사령부 홈페이지 www.edunavy.mil.kr

3. 공군기본군사훈련단 홈페이지 www.airforce.mil.kr

4. 해병대교육훈련단 홈페이지 etg.rokmc.mil.kr

5. 병무청 홈페이지 www.mma.go.kr

8. 알고 가면 편한 군대 계급

"내가 그 어려운 걸 자꾸 해냅니다."

몇 년 전에 방영한 '태양의 후예'라는 드라마에서 나오는 명대사 중 하나이다. 태양의 후예는 우루크라는 가상의 분쟁지역으로 파병된 육군 특전사 부대와 의료봉사단이 겪는 사건을 소재로 이야기를 전개한다. 특전사 우루크 부대 중대장인 유시진 대위(송중기)와 의료봉사단 단장 강모연 의사(송혜교)가 여러 어려움과 장애물을 극복하며 서로의 마음을 확인하고 사랑을 완성해 간다.

드라마에는 여러 종류의 군인이 등장한다. 장군부터 일개 병사까지 다양한 계급으로 특전사령관이자 장성급 장교인 윤 중장부터 위관급 장교인 유시진 대위와 군의관인 윤명주 중위(김지원), 부중대장이자 부사관인 서대영 상사(진구), 귀염둥이 병사 김기범 일병(김민석) 등이 그들이다. 파병부대 태백부대를 총지휘하는 대대장이자 영관급 장교인 박병수 중령(김병철)도 빠질 수 없겠다. 그들은 드라마에서 각 계급을 대표하는 인물로 우루크에서 평화유지PK 및 대민 지원 임무를 수행하기 위해 각자의 위치에 맞는 모습을 보여준다.

1 계급별로 역할이 다르다

여기서 중요한 건 계급별로 수행하는 '역할'이 다르다는 점이다. 물론 국민의 생명과 재산을 지키는 것을 목표로 하는 측면에서는 계급 고하와 상관없이 같다. 하지만 그 목표를 이루기 위한 과정에서 역할은 분명히 다르다. 마치 집안에서 아버지, 어머니, 할머니, 할아버지의 역할을 다른 것처럼 말이다.

그런 취지에서 군인을 계급별로 주요 역할을 정리해보았다. 장교부터 병사까지 각 계급이 군대 내에서 수행하는 역할을 구분했다. 특히 입대하는 이에게 참고가 될 수 있도록 초급장교(위관장교), 부사관, 병사를 중심으로 했다. 입대(예정)자 또는 군에 뜻이 있는 젊은이는 다음의 내용을 살펴보고 현명한 선택에 도움이 되기를 바란다.

젊은 리더, 위관급 장교

입대 예정자가 선택할 수 있는 군 계급에는 '장교'가 있다. 장교는 군대를 이끄는 군인으로 군대를 지휘하고 지휘에 대한 책임을 지는 군인 계층으로 크게 세 개의 계층으로 구분된다. 우리가 흔히 '장군'

이라고 부르는 장성급 장교, 그 아래의 영관급 장교, 이를 받치는 위관급 장교로 나뉜다. 장교로 군에 입대하면 위관급 장교로 시작하게 된다. 위관급 장교는 '소위'라 불리는 계급에서 시작한다. 의무 복무(2년 4개월~3년)로 군 생활하면 보통 중위에서 전역하고 연장복무 또는 장기복무로 선발되면 대위 이상의 장교로 진출할 수 있다.

장교는 군 병력을 지휘하는 역할을 한다. 계급별로 병력의 수와 업무 중요성의 차이를 보이지만 기본적으로 장교는 사람을 이끄는 리더의 역할을 한다. 육군 장교 기준으로 보면 소위는 20~30명의 병력을 이끄는 '소대장' 임무를 수행한다. 대위가 되면 '중대장'으로서 100명이 훌쩍 넘는 병력을 통솔하는 리더의 임무를 수행한다.

2 군대의 허리, 부사관

부사관 Noncom Officer은 하사부터 원사까지 4개 계급을 통칭하는 계급 집단의 명칭이다. 부사관은 앞서 설명한 장교계급과 병사계급 사이 중간계급으로 군대를 지탱하는 '허리'의 역할을 담당한다. 부사관을 '허리'라고 표현하는 건 단순히 중간계급이기 때문만은 아니다. 부대의 실제 운영에 있어 중요한 임무를 수행하기 때문이다.

지휘관을 보좌한다

우선 부사관은 지휘관(장교)을 보좌하는 임무를 수행한다. 부대는 지휘관(장교)의 지시만으로 운영되지 않는다. 지휘관의 의지를 적극적으로 실현할 사람이 필요한데 그 임무를 수행하는 주체가 부사관이다. 부사관은 지휘관의 의지를 구체화하고, 구체화한 내용을 행정적, 물리적으로 부대에 적용하는데 이러한 과정 중 대다수 병사를 다독이고 지휘관의 의도가 실제로 드러나게 하는 역할을 한다.

부대 살림꾼

부사관은 부대의 기본적인 살림을 책임지는데, 부대가 안정적으로 운영·유지되도록 기본업무를 수행한다. 행정, 교육, 훈련 등 부대 운영과 유지에 필요한 제반 업무를 수행해 부대가 잘 굴러가게끔 한다. 과거 전통사회에서 전형적인 '엄마'의 임무를 수행한다고 보면 쉽다. 엄마가 집안에서 집을 관리하고 아이를 보살피는 것처럼 부대를 관리하고 병사를 보살핀다. 지휘관이 새로운 일을 추진할 수 있도록 튼튼한 기반을 마련한다.

전문가 집단

부사관은 전문가 집단으로 직무를 전문적으로 수행한다. 부사관의 군사특기[1]는 장교보다 세분되어 있다. 공군을 예를 들면 통신 전자, 전기 분야의 병과는 장교의 경우 '정보통신' 특기 하나이다. 부사관은 항공기 장비 정비, 지상레이더 체계 장비, 무선통신 체계 정비 등 약 20개 내외의 특기가 있다. 이 세부 특기 중 하나를 부여받아 임무를 지속해서 수행한다. 경력이 쌓일수록 그 분야의 전문가가 될 수밖에 없다.

---

1 MOS(Military Occupational Speciality), 현역병의 직무를 전문적으로 수행하도록 군사 업무와 관련된 직무 분야를 독립된 부호로 분류한 것으로 각 군 참모총장이 부여한 특기

❸ 가장 일반적인 군인, 병사(용사)

병사는 가장 일반적으로 생각하는 군인이다. 병사계급이 우리나라 군인의 절대다수를 차지하는데 60만 명 현역군인 중 40만 명이다. 또한 군대를 '의무'로 가는 젊은이들이 가장 많이 선택하는 계급이다. 그런 만큼 병사는 군인의 대표 이미지라 할 수 있다.

가장 막내 계급

병사계급은 군대 계급에서 가장 하위를 차지한다. 병사는 사전적의미로 '부사관 아래의 군인'으로 정의된다. 정의는 상대적이긴 하지만, 군대의 계급이 장교, 부사관, 병사로 구성되어 있음을 고려할 때병사계급은 군에서 가장 아래 계급이라 하겠다. 세부적으로 병장, 상병, 일병, 이병의 4개의 계급으로 구성된다.

부대의 실무자

병사계급은 실무를 담당한다. 장교의 지휘 및 숙련된 전문가인부사관 아래에서 부대 운영을 위한 전반적인 업무 및 훈련에 투입된다. 하위 계급이지만 수적으로 절대다수를 차지해 군대가 운영되고군대 본연의 목적을 달성하기 위해서 꼭 필요한 계급이다.

❹ 계급 선택은 자기 상황과 가치관을 고려하자

군인은 장교, 부사관, 병사로 구분되어 있다. 같은 군인임에도 계급에 따라 임무가 다르다 보니 일에 대한 성취감과 어려움의 종류,

강도가 달라서 같은 부대에 근무하더라도 서로 처지가 다르다. 여기서 중요한 건 단순히 높은 계급이라고 절대적으로 좋은 것은 아니고, 낮은 계급이라고 일방적으로 나쁜 것도 아니라는 점이다. 즉, 하나의 단면으로만 특정 계급을 평가하고 선택하는 건 위험하고 섣부르다. 특히 의무로 입대하는 사람은 더욱 그렇다.

계급을 선택할 때는 자신의 상황과 가치관을 고려해서 선택해야 한다. 이것은 자신의 현 상황과 미래 계획과 연결된다. 가령 자신이 군대에 많은 시간을 투자할 여유가 되지 않는다면 장교(30~36개월)나 부사관(4년)보다 병사(18~21개월)에 좀 더 높은 점수를 줄 수 있다. 반면 미래를 위해 리더십과 전문성을 키우고 싶거나, 직업군인에 관심이 있다면 부사관이나 장교에 더 높은 가중치를 줄 것이다. 결국 자신에게 맞는 최적의 선택이 필요하다.

장교/부사관/병사 주요 특성 비교

주요 특성	장교(위관)	부사관	병사
시작 계급	소위	하사	이등병
주요 임무	지휘	지휘를 보좌	부대 실무
요구되는 능력	리더십	전문지식	실무능력
의무 복무기간	약 30~36개월	약 48개월	약 18~21개월

9. 군인도 전공이 있다, 군대 병과

"이건 제 분야가 아닙니다!

(시간이 걸리더라도) 담당자가 와야 할 것 같습니다."

이 말은 필자가 초급장교로 일선 부대에서 근무했을 당시 한 부사관이 한 말이다. 훈련 중 유선 전화기가 고장 났는데 상황이 위급해서 가까이 있는 정보통신 사무실에 근무하는 부사관에게 도움을 요청했다. 하지만 그는 담담하게 말했다. '이건 제 분야가 아닙니다. 시간이 걸리더라도 다른 사람을 불러야 합니다.'라고 말이다. 그 순간에는 당황했고 이해하지 못했다. 하지만 나중에 알았다. 그는 정보통신 분야지만 유선 담당이 아닌 무선 담당이었다. 마치 감기 낫겠다고 정형외과 의사에게 달려간 셈이다. 지금 생각하면 그가 얼마나 황당

했을지 이불 킥을 날릴만한 기억이다.

일반적으로 군인은 군종, 계급, 병과, 보직 4가지 요소에 따라 하는 일이 결정된다. 육·해·공군 중 어느 군종, 어느 계급, 어떤 병과, 어떤 보직을 수행하는지에 따라서 실제 업무가 달라지는 것이다. 군복이라는 유니폼을 입었다고 같은 근무 환경에서 같은 일을 하는 것이 아니라 군의 종류와 특성에 따라 임무 영역과 요구 능력이 달라진다. 그리고 계급에 따라 책임의 정도가 다르고 일의 세분화가 차이 난다.

여기에서는 마지막 요소인 병과에 대해서 알아보자. 병과兵科란 군대에서 각 군인이 수행하는 주요 임무를 분류한 것으로 '군사특기'라고도 한다. 쉽게 말해 군인의 '전공Major'이다. 병과는 군인을 '기능'과 '임무'에 따라 나누는 동시에 '그 임무 자체'라고 할 수 있다. 군을 임무 영역과 역할에 따라 육·해·공군의 군종軍種으로 나누고, 각 군 내에서 구성원인 군인을 세부 임무에 따라 구분한다. 흔히 보병, 포병, 기갑, 통신이라고 불리는 것은 모두 병과에 해당한다.

마치 사회 구성원이 대한민국의 국민이라는 같은 신분을 갖지만, 각자 다른 직업을 가지고 다른 일을 하는 것과 같다. 그들이 서로 유기적으로 의사소통하며 나라를 구성하는데, 군인도 군대라는 하나의 조직에서 자기 능력과 적성에 맞는 직업인 병과를 부여받는다. 그리고 병과에 요구되는 능력을 발휘하며 군대 내의 중요한 구성원으로 인정받는 것이다.

육·해·공군의 주요 병과는 다음과 같다.

1 보병

보병 병과

병과명칭	군종	병과구분	비고
보병	육군 해병대	전투병과	일반보병 특전보병 특임보병 등

보병은 대표적인 전투병과 중 하나이다. 사전적으로 장비를 휴대하고 '도보로 이동'하며 전투를 벌이는 병과다. 보병은 인류의 역사와 함께 시작되었을 만큼 오래되고 기본적인 병과이다. 지상 전투 시 적의 공격 및 방어는 물론 분쟁지역을 점령해 작전을 종결한다.

현재 육군과 해병대가 보병 병과를 운영한다. 육군에서 보병은 육군의 상징, 육군의 꽃이라고 불린다. 해공군 및 기갑, 포병, 항공 등 전투 병과, 전투근무지원 병과 등과 긴밀한 협동 및 지원이 전투의 승패를 결정한다. 보병은 일반보병, 경보병, 차량화보병, 기계화보병, 공수보병 등으로 구성되며 고도의 훈련을 받고 수색전, 게릴라 활동 첩보활동, 비밀작전, 파괴 공작, 심리전, 대테러전 같은 특수임무를 수행하는 부대도 엄연히 보병 병과이다.

2 함정

함정 병과는 해군의 대표적인 전투 병과이다. 해상 경비작전 및 연합작전을 수행하며 크게 항해와 기관으로 나뉜다. 원래는 항해, 기관, 정보 병과로 나뉘어 있었으나 2014년도에 통합되어 함정 병과로 바뀌었는데, 2017년 정보 병과는 다시 분리되었다. 함정 운용 및 해상, 육상부대 지휘관, 참모 임무와 해군 정책을 수립 및 집행하는 업무를 담당한다. 육군으로 치면 보병의 임무를 수행하는 것이다. 해군이 바다에서 임무를 수행하니 배를 타는 게 당연하다. 육상에서는 육상부대 인사, 작전, 교육훈련, 군수 등의 업무를 수행한다. 쉽게 말해 함정 병과는 육상에서는 해군의 전투와 관련된 모든 일을 하는 해군의 핵심 병과라 할 수 있다. 함정 병과는 두 개의 병과가 통합되어 다양한 세부 특기를 갖는다. 함정(배)과 직접적으로 연관된 갑판, 조타, 전탐(이상 항해계열), 추기^2, 보수(이상 기관계열)는 물론이거니와 잠수함, 특수전 부대(UDT), 해난구조대(SSU) 등도 함정 병과에 속한다.

함정 병과

병과명칭	군종	병과구분	비고
함정 (항해+기관)	해군	전투병과	갑판, 조타, 전탐(항해), 추기, 보수(기관) 등

❸ 조종

육·해군의 전투병과에 맞서는 공군의 전투병과는 조종 병과이다.

---

2 가스터빈, 내연기관 및 부속장치와 조작계통, 전기계통, 보일러 계통, 보기, 냉동장치, 통풍장치 등에 대한 운용·정비에 관한 업무를 담당한다.

우리가 흔히 '빨간 마후라' 전투기 조종사라고 말하는 병과가 조종 병과로 공군 전력의 핵심이다. 조종 병과 구성원인 조종사는 공군의 전투기, 수송기, 훈련기 등 다양한 항공기를 조종한다.

조종 병과

병과 명칭	군종	병과 구분	비고
조종	공군	전투병과	전투기, 수송기, 헬기 등

4 정보통신

정보통신 병과

병과 명칭	군종	병과 구분	비고
정보통신	육·해·공군 해병대	· 전투병과(육군, 해병대) · 기술병과그 외	정보의 실시간 전파, 정보 우위 달성, 네트워크 생존성 보장 등

정보통신 병과는 최신 정보통신기술을 활용해 정보의 실시간 전파 및 정보의 우위를 달성하고, 우위를 통한 전장의 주도권 장악을 임무로 한다. 또한 사이버 공간에 정보보호를 통한 네트워크 생존 가능성 보장을 목표로 한다. 전쟁이나 전투 중에는 지휘관과 부대 간, 부대와 부대 간의 의사소통이 필요한데 이를 보장해준다. 정보통신 병과는 무선통신 장비를 운용하는 일차적인 임무에서 통신을 위해

노력하는 세부적이고 다양한 임무를 수행한다.

이런 특성으로 정보통신 병과는 앞의 병과와는 다르게 육·해·공군과 해병대 모든 군종에 공통으로 있다. 이는 모든 군의 작전은 원활한 통신이 기본이기 때문이다. 육군에서는 전투 병과, 해·공군에서는 비전투 병과로 분류된다. 이는 각 군의 임무 형태의 차이나 상대적 중요도에 기인한 것이라 이해하면 되겠다.

⑤ 병기·병참·수송

병기·병참·수송 병과

병과 명칭	군종	병과 구분	주요 임무	비고
병기	육·해군		임무 수행을 위한 장비/탄약/수리부속 지원	타 군에서는 '군수' 또는 '보급'의 명칭으로 운영
병참	육군	기술병과	임무 수행을 위한 물자(식량, 연료, 탄약, 축성 자재 등) 지원	
수송	육군		육로, 철도, 항공, 수로 등 모든 수송 수단을 통해 장비, 물자에 대한 수송지원	

전쟁의 임무를 원활히 수행하기 위해서는 여러 가지 요소가 필요하다. 우선 임무를 수행할 주체인 '사람'이 필요하다. 그리고 그들이 사용할 장비와 탄약, 지속해서 임무를 수행하게 하는 기본 물자가 필요하다. 마지막으로 물자가 원활히 공급되도록 이동 수단이 지속해서 확보되어야 한다.

병기, 병참, 수송 병과가 이러한 임무를 수행한다. 병기는 전투 시에 사용될 장비, 탄약, 수리 부속 등 전투에 필요한 물자를 관리·공급하며, 병참은 장병의 기본적인 생활을 위한 식량, 연료 등을 지원하여 장병의 전투력 발휘 및 작전 지속능력을 보장한다. 수송은 장비와 물자를 원활하게 수송하는 임무이다. 이것은 전쟁을 수행하는 데 꼭 필요한 요소이며, 육군은 3개 병과를 통해 그것을 관리한다. 이 기능은 타군에서도 수행하는데 단지 이름과 범위가 다를 뿐이다. 군에 따라 하나의 병과로 통합해 운영하기도 하고, 일부만 분리해서 운영하기도 한다. 해병대나 공군은 '군수'라는 이름으로 하나의 병과로, 해군은 '병기'와 '보급' 두 개의 병과로 구분해 운영한다. 각 군의 실정에 맞게 운영하되 그 안에서 기능은 유사하게 수행한다. 병과의 구분은 군 내부의 중요도나 임무 상황의 변화에 따라 유동적으로 변한다.

6 재정

재정 병과

병과 명칭	군종	병과 구분	주요 임무
재정	육·해·공군 해병대	행정병과	예산획득, 집행, 결산

재정 병과는 각 군이 적절하고 원활하게 임무를 수행하도록 예산을 지원하는 병과로 각 군의 살림살이를 책임진다. 군의 전투력을 강

화하고 유지하기 위한 예산을 획득하고, 예산 집행 및 결산을 진행한다. 장병에게 급여 및 퇴직금 지급, 각종 공사, 물품구매, 용역에 대한 입찰·심사·계약 체결·정산 등을 대행한다. 자세한 사항 및 기타 병과 설명은 아래 사이트에서 확인할 수 있다.

육·해·공군 및 해병대 주요 병과

출처 : 군 인사법 시행령

구분		육군	※해병대	해군		공군	
기본병과	전투병과	보병	보병	전투병과	함정	전투병과	조종
		기갑	기갑		정보		항공통제
		포병	포병		항공		방공포병
		방공		기술·행정병과		기술전문병과	
		정보	정보				정보
		공병	공병		공병		공병
		정보통신	정보통신		정보통신		정보통신
		항공	항공		조함		기상
	기술병과	화생방					
		병기			병기		
		병참	군수		보급		군수
		수송					
	행정병과	인사					인사교육
		군사경찰	군사경찰		군사경찰		군사경찰
		재정	재정		재정		재정
		공보정훈	공보정훈		공보정훈		공보정훈
특수병과	의무						
	법무						
	군종						

1. 육군 모집 홈페이지   www.goarmy.mil.kr

2. 해군 모병센터 홈페이지   www.navy.mil.kr

3. 공군 모집 홈페이지   go.airforce.mil.kr

4. 해병대 모집 홈페이지   www.rokmc.mil.kr

PART 2

스마트한 군대 생활
대학 장학금 & 자기계발

1. 전액 대학 장학금 받고
군대 가는 방법

★ ★ ★ ★ ★

Part 2에서는 대학을 다니며 전액 장학금을 받고 입대하는 방법을 안내하고자 한다. 비용이 많이 드는 사립대의 학생이라면 고려해볼 만한 내용이다. 일반 초년 직장인의 월급으로는 몇 년 안에 등록금을 모두 갚기 힘들다.

국방의 의무를 다하며 받을 수 있는 다양한 혜택을 알아보자!

1 장교

육·해·공군 사관학교

각 군 사관학교를 입학하는 방법이다. 사관학교는 등록금이 무료이며 재학 중 필요한 교재, 피복, 숙식비를 지급하고, 매월 사관생도 품위유지에 필요한 급여를 지급한다. 사관학교에 입학하면 학비와 생활비에 대한 걱정은 사라진다. 사관생도가 학업과 훈련에 집중할 수 있도록 국가가 모든 것을 책임지는 것이다.

사관학교도 일반대학과 같은 학사제도를 운용한다. 일반대학처럼 다양하지 않지만, 주요 전공인 경영학, 경제학, 국제관계학, 전기공학, 기계공학 등에서 하나를 선택해 학점을 이수해야 하며 이수하지 않으면 졸업할 수 없다. 졸업하면 문학사(또는 공학사, 이학사) 및 군사학사 학위를 받으며 동시에 장교로 임관하기 때문에 공백 기간 없이 의무 복무를 바로 수행하게 된다. 사관학교는 대학 등록금과 군 의무 복무 걱정을 한 번에 해결할 수 있다. 특히 직업군인, 장기복무 장교가 되고 싶다면 더욱 추천할 만한 경로이다.

군 가산복무 지원대상자(구 군장학생)

두 번째는 군 장학생으로 선발되는 경로이다. 군장학생이란 학교 재학 중 군에서 장학금을 받는 대신 졸업 후 일정 기간 장교로 복무하는 제도이다. 군장학생 제도는 육군은 물론이고 해군과 해병대, 공군(조종 장학생)에서 운영하며 흔히 '군 가산복무 지원대상자'(이하 지원 대상자)라 한다. 고등학교 이상 학교(보통 대학교)의 재학생으로 군에서 시행하는 전형에 합격해 선발한다.

지원 대상자는 학군사관과 학사사관 장교 임관자(예정자) 중 선발한다. 선발된 사람은 최대 4년의 장학금을 받는데, 이는 국가장학금과 별개의 장학금이니 이중 수혜도 가능하다. 졸업 후 소위로 임관하며, 의무 복무기간은 군 장학금을 받은 기간만큼 늘어난다. 4년 장학금을 받은 경우 육군 기준 학군사관은 6년 4개월(2년 4개월+4년), 학사사관은 7년(3년+4년)이다. 이들도 사관학교와 마찬가지로 공백없이 군 의무 복무를 바로 수행해 졸업과 동시에 장교로 임관해 시간낭비 없이 졸업 직후 군대 의무 복무를 시작한다. 학교 등록금이 부담되거나 군에서 목돈을 모으고자 하는 사람에게 추천한다.

육군 3사관학교

장교 후보생 전액 장학금 혜택

구분	육해공군 사관학교	군 가산복무 지원대상자	육군 3사관학교	국군 간호사관학교
혜택	장학금 및 생활 지원(기숙사)	장학금 지원	장학금 및 생활 지원(기숙사)	장학금 및 생활 지원(기숙사)
기간	4년	4년	2년	4년

육군 제3사관학교를 통한 경로도 있다. 3사관학교도 육·해·공군 사관학교와 동일하게 등록금이 무료이며 재학 중 필요한 교재, 노트북, 피복, 숙식비를 국비로 지급하고, 매월 사관생도 품위유지에 필요한 급여를 지급한다. 졸업과 동시에 소위로 임관해 의무 복무를 수행하는데, 다른 점은 장학금 혜택 기간이 다르다는 것이다. 육·해·공

군 사관학교와 3사관학교의 교육 기간이 다르기 때문이며 사관학교는 4년인데 비해 3사관학교는 2년이다.

국군 간호사관학교

국군 간호사관학교는 간호장교를 전문적으로 양성하는 사관학교이다. 4년 사관생도 교육 기간을 운영하며, 타 사관학교와 동일하게 등록금이 무료이다. 재학 중 필요한 교재, 노트북, 피복, 숙식비 지원 등 장학금 혜택이 풍성하다. 생도는 군사교육과 간호 전문가 교육을 동시에 받으며, 교육 이수 후 간호장교로 임관한다. 2012년부터 남자 사관생도도 모집하고 있으니 참고하자!

2 부사관

군 가산복무 지원대상자

부사관도 가산복무 지원대상자 제도가 있다. 학교 재학 중 장학금을 받고 졸업 후 일정 기간 부사관으로 복무한다. 이 제도는 육·해군 및 해병대에서 운영하는 제도(공군은 제외)이며, 군 가산복무 지원금 지급대상자에 최종 선발되면 2년제는 2학년, 3년제는 3학년, 4년제는 4학년 1·2학기 등록금이 학교를 통해 개인에게 지급된다. 장교와 동일하게 국가 장학금과 이중 수혜도 가능하다. 이들은 학군사관 또는 학사사관 부사관을 통해 하사로 임관한다.

공군항공과학고등학교는 공군에서 설립하여 공군 기술 부사관을 양성하는 마이스터(항공기술분야)고등학교다. 공군에서 필요한 항공우주 관련 전문인력을 양성한다. 항공고 학생은 재학 중 교육에 관련된 모든 비용(교육비 전액, 교과서, 학용품, 의식주 전반)을 모두 국비로 지원받고 졸업 후 임관과 동시에 장기복무 부사관으로 선발된다.

부사관 후보생 전액 장학금 혜택

구분	군 가산복무 지원대상자	공군항공과학고등학교
혜택	장학금 지원	장학금 및 생활 지원(기숙사 생활)
기간	1년	3년

❸ 군대 체질인지 불안하다면, 임기제 부사관

열정과 의지는 오래가지 않는다.

그래서 적성이 중요하다. 군대가 멋져 보이고 가고 싶은 마음이 들지만 불안할 것이다. 직업군인을 생각하다가도 그곳에서 잘 적응할까 망설여질 것이다. 직장 경험이 없는 어린 학생의 관점에서 내가 잘 해낼지에 대한 의문이 들 것이다. 물론 뭐든 해낼 수 있다는 강한 의지와 열정이 있다면 가능하겠지만 의지와 열정은 오래가지 않을 수 있다. 심지어 수십 년을 해야 하는 직업군인은 더 신중해야 한다. 결국 내 성격과 적성이 군 생활에 잘 맞는지를 미리 확인하면 좋겠다. 그래서 군 생활을 경험할 수 있는 제도를 제시한다. 실제로 해보는 게 중요하다. 부딪혀봐야 나와 맞는지 알 수 있으니 말이다.

군대에 대한 적성을 확인하는 현명한 방법은 임기제 부사관 제도이다. 임기제 부사관 제도는 현역병의 숙련된 전투기술과 기술행정 업무 능력을 하사 임관 후 동일한 특기와 직위에서 연속해 능력을 발휘하는 모집 방법이다. 쉽게 말하면 병사 때 근무했던 부대에서 하사로 임관해 근무하는 것으로 병사에서 하사, 부사관으로 신분만 변경된다. 일반적으로 병사로 18~21개월 동안 의무 복무하고 거기서 멈추지 않고 간부인 부사관으로 새롭게 시작하는 것이다.

실망하는 사람도 있을 것이다. 소위 말해 '군대에 못 박는 거냐?'라고 생각할 수 있지만 그렇게 단순하지 않다. 물론 병사에서 하사로 신분이 변경되어 군대에 계속 있는 것으로 생각할 수 있지만, 복무기간을 자신이 결정하고 기존 부대에서 기존 세부 특기를 지속한다는 점이 분명 다르다. 임기제 부사관으로 임관하면 군 복무기간은 내가 조절할 수 있다. 최소 6~48개월까지 연장할 수 있으며, 기본 6개월은 복무하되 추가 기간은 자기 적성에 따라 조절할 수 있다. 아니다 싶으면 제대신청을 하고 반대로 군 생활이 맞으면 48개월 근무하고 직업으로 정한다면 연장복무, 장기복무를 신청하면 된다.

그럼 누구는 단기하사(48개월)로 들어오면 되지 않느냐고 반문할 수 있다. 단기하사로 처음부터 간부 월급을 받으면 같은 기간 군 복무하더라도 더 많은 급여를 받지 않냐고 할 수 있다. 하지만 그것은 매우 단순한 생각이다. 병사와 간부인 하사는 책임과 기대가 다르다. 하사는 부대에서 거는 기대와 책임이 높다. 하사가 된 이상 일정 수준 이상의 능력을 보여야 한다. 하지만 현실은 그렇지 못하다. 갓 임관한 하사는 전문가로서의 지식이 부족하니 역할을 해내기 위해서 노력해야 하며 많은 어려움을 겪을 수 있다. 그에 비해 병사는 부담이 덜하다. 부담이 적은 상태에서 업무를 숙지하고, 하사로 임관하면 경험과 지식이 상대적으로 풍부한 간부가 될 수 있다. 그만큼 부대에 적응이 쉬운 게 사실이다. 인정받는 군 생활이 가능하다.

적성에 맞지 않을 때 임기제 하사는 군대에서 최단 시간 내 나올 수 있다. 반면 단기하사는 적성에 맞든 맞지 않든 48개월을 의무로 복무해야 한다. 사회에 돌아갈 준비시간을 더 확보하고, 시간 낭비를 줄일 수 있다. 단순히 급여의 수준으로 비교할 필요가 있을까?

임기제 부사관은 급여는 간부로 대우받는데 일반 하사와 기존 부사관이 받는 혜택과 같다. 동일한 월급, 성과상여금, 명절 연휴비 등 각종 수당과 퇴직금도 있다. 휴가도 연 21일이 보장됨은 물론이다.

군 특성화고등학교

구분	군 특성화고등학교
육군	경북항공고, 경남자동차고, 광운전자공업고, 금파공업고, 대구일마이스터고, 동아마이스터고, 부산전자공업고, 서산공업고, 서울로봇고, 송파공업고, 수원공업고, 싱라공업고, 예산전자공업고, 인덕과학기술고, 인천소방고, 인천정보과학고, 연무대기계공업고, 진안공업고, 춘천기계공업고 등
해군	서울 성공공고, 서울용상공업고, 인천 해양과학고, 제주 서귀포산업과학고, 남원제일고 등
공군	경북항공고, 강호항공고, 경남자동차고, 상서고, 김해건설공업고 등
해병대	대구 경북기계고, 경주 신라공업고, 진안공업고, 임실 한국치즈과학고, 인천 부평공업고, 증평공고, 논산 연무대기계고업고, 대전공업고 등

임기제 부사관이 되는 방법은 두 가지가 있다. 하나는 병사 생활

중에 지원하는 것이다. 현역 병사 중 전역 1~6개월 전 희망할 수 있다. 두 번째 방법은 군 특성화고등학교 졸업예정자를 대상으로 병무청 지원절차를 거쳐 선발하는 방법이다. 군 특성화고는 첨단 장비를 운용하는 기술 인력을 확보하기 위해 도입되었으며, 특성화고 3학년을 대상으로 군이 요구하는 기술 분야를 맞춤식으로 교육한 후 군에 입대하는 제도이다. 현재 임기제 부사관으로 지원이 가능한 군 특성화고등학교도 표에 기재했으니 상세히 살펴보자.

4 알고 보니 군대 체질_예비역의 현역 재임용 제도

정신없이 군 생활하다 제대했지만, 다시 입대하고 싶을 수도 있다. 사회 생활하며 군 생활이 오히려 자신에게 맞는다는 생각이 들 수 있다. 이런 사람을 위한 제도로 예비역의 현역 재임용 제도가 있다.

예비역의 현역 재임용 제도는 장교와 부사관으로 전역한 인원이 재입대를 희망할 때 지원한다. 이는 저출산으로 인한 징집병력 감소로 전역한 장교와 부사관을 재활용하기 위한 제도이다. 개인으로서도 한 번 더 기회를 가질 수 있다.

지원 자격은 임관일 기준으로 장교는 예비역 중위, 대위 또는 전역 예정자, 부사관은 예비역 중사 또는 전역 예정자이다. 자신이 복무했던 병과(특기)로만 지원할 수 있으며, 전역 당시의 계급으로 임관한다. 여기서 예비역 장교와 부사관은 전역 후 3년 이내여야 하며, 재임용 후에는 3년 이상 복무가 가능해야 한다. 재임용자는 임관 2년 차부터 복무연장 지원이 가능하며, 임관 3년 차에 장기복무 지원도 가능하다. 복지와 보수가 현역과 같은 혜택이 부여된다.

예비역의 현역 재임용 제도 지원 자격 및 심사 절차(장교)

예비역의 현역 재임용 제도 지원 자격 및 심사 절차(부사관)

5 사관학교에 가면 군대에 또 가야 할까?

군대라는 형체가 눈앞에 다가올 시기인 고등학교 고학년 또는 대학교 초년생의 흔한 질문이다. 당연히 군대 가서 힘들지 않을까 하는 불안함과 두려움을 경험한다. 그래서 많은 생각을 하게 된다.

"그냥 다른 사람처럼 갈 것인가?"

"면제받을 수 있을까? 면제받으려면 어떻게 해야 하나?"

"아니면 합법적으로 안 가는 방법이 있을까?"

사람들이 생각하는 훈련소를 통해 군대에 가는 방법을 생각할 것이다. 하지만 이것이 일반적으로 생각하는 병사가 되는 방법이겠다. 군대의 이병에서 병장까지 1년 6개월에서 1년 9개월까지의 의무 복무를 말한다. 그러다 사관학교에 가는 방법을 생각하게 된다. '어차피 가는 군대 사관학교에 가면 되지 않을까?'하고 말이다. 어린 학생들은 제복에 대한 일종의 환상도 있겠다.

'사관학교에 가면 군대에 또 가나요?'라는 질문에 대한 대답은 맞기도 하고 틀리기도 한다. 맞다는 의미에서는 사관학교를 졸업하면 소위로 임관해 장교로 진정한 군 생활을 시작하게 된다. 반면에 아니라는 의미는 질문에 대한 질문자의 의도적인 측면에서 그렇다. 질문자의 의도를 정확히 식별하면 사관학교에 가면 의무 복무의 용사 생활을 안 해도 되는가의 질문일 것이다. 그런 면에서 대답하면 의무 복무 병사로는 군 생활을 할 필요가 없다는 것이다. 이는 3사관학교나 ROTC 등도 같은데, 장교로 군 생활을 하는 것이다.

사관생도는 직업군인이다. 더 자세히 말하면 직업군인과 비 직업군인으로 나뉜다. 직업군인은 군인을 직업으로 하는 사람을 말하며, 비 직업군인은 의무로 군대를 다녀오는 것(부사관이든, 장교든, 병사든 상관없음)을 말한다. 직업군인이 되는 방법은 사관학교가 대표적이고, 비 직업군인은 의무로 가는 병사가 대표적이다. 사관학교에 가면 군대를 또 가야 하는지에 관한 질문에 더 세부적으로 답하자면 직업군인을 택한 사람이 비 직업군인을 하는지 물어보는 모순적인 질문이다. 보통 이 질문의 의도는 의무 병사를 피하는 방법으로 사관학교에 관해 물어보는 것이다. 하지만 이건 짧은 의무 병사를 피하려고 수십 년간 군 생활하는 직업군인을 택하는 모순적인 모습이다.

실제로 사관학교를 졸업하면 대부분 짧게는 5년, 길게는 생업으로 직업군인으로 산다. 의무 병사로 군 생활하는 것보다 훨씬 오랫동안 말이다. 군대를 모른다면 충분히 질문할 수 있지만, 명확히 아는 게 좋겠다. 또한 사관학교의 생활은 일종의 군대 생활이다. 장기복무하는 장교를 양성하는 곳이기 때문에 많은 능력과 인내를 요구하며 더 엄격한 생활을 한다. 의무 병사 생활을 4년 하는 것보다 훨씬 가혹하다. 짧은 의무 병사를 피해 더 어려운 길로 갈 필요는 없다.

2. 자기계발 & 목돈 만들기 등
알아두면 좋은 Tip!

1 훈련보다 힘든 인간관계

"왜 가짜 사나이라고 하죠? 전 훈련받았는데요."

한 개그우먼이 라디오 방송에서 한 말이다. 자신이 군대 예능 프로그램에서 훈련을 열심히 받았는데, 기사 댓글이 그걸 인정하지 않는다는 것이다. 그녀는 자신이 받은 군대 훈련에 대해 인정받지 못함에 섭섭함을 표현했다. 그렇지만 군필자의 관점에서 이것은 군대의 한 면만 경험한 것이다. 물론 군대에서 받는 훈련은 힘들다. 많은 체력과 정신의 한계에 부딪힌다.

군대가 힘들다는 건 단순히 군사훈련Military Training에 한정되지 않는다. 군대를 직장이라고 생각하면 인간관계가 큰 스트레스 요인이 될 수 있다. 사람이 모여있고 일정한 목적을 가지는 조직이라고 생각하면 직장과도 같다. 군인은 일반인보다 더 많이 관계적인 측면에서 스트레스를 받는다. 직장인은 업무나 인간관계에서 스트레스를 받지만 쉴 곳이 있고 쉴 시간이 있다. 늦게 퇴근해도 결국 회사에서 벗어난다. 일이 많더라도 잠자는 시간에는 벗어나지만 군인은 벗어나지 못한다. 퇴근해도 같은 생활공간으로 들어가 옆에서 씻고, 옆 침대에서 잔다. 낮에 날 다그치던 선임을 저녁에도 본다. 옆자리에 있을 수도 있다. 영외에서 생활하는 간부는 좀 덜하다. 하지만 결국 관사나 영외자 숙소라는 한 테두리 내에 있다. 병사보다는 넓지만 결국 같은 공간에서 생활하니만큼 스트레스를 받을 기회도 시간도 많다.

결국 군대가 힘든 건 인간관계가 크다. 군사훈련도 힘들지만, 더 힘든 건 훈련을 함께하는 사람들, 같이 생활하는 사람들, 같이 업무하는 사람들이 군 생활의 어려움을 결정한다. 단순히 훈련의 강도로 힘듦을 논하는 건 군 생활의 반쪽만 바라보는 것이다. 또한, 출퇴근하는 사회복무요원이나 일이 힘든 직장인을 단순하게 비교하는 건 적절하지 않다. 군 복무를 겪지 않은 사람은 이해하기 어렵다. 힘든 훈련을 받은 것은 군 생활을 반쪽만 해 본 것이다.

② 부대시설 활용하기

부대 생활에서 안 좋은 버릇이 생기는데 시키는 일 이외에는 회피하는 것이다. 특히 낮은 계급일수록 이런 경향이 강하다. 낮은 계급은 지시받을 일도 많고 그것을 제대로 하는 것조차 에너지를 많이 소모한다. 특히 갓 입대한 신병은 스트레스가 더욱 심할 것이다. 그래서 일과시간 이후에 특별히 활동하지 않는 경우가 많다.

초기라서 생활의 제약이 있거나 업무에 충실히 하고자 그런 것은 괜찮다. 하지만 그것을 넘어서 부대 생활에서 소극적인 것은 바람직하지 않다. 내가 지금 가고 싶은 데를 가지 못해도 그것에 대해 한탄할 필요 없다. 지금 처한 환경에서 할 수 있는 최대한을 하는 것이다. 그런 측면에서 부대에서 나의 시간을 활용하는 몇 가지를 제시한다.

체력단련실_운동장

생활관에 체력단련실이 있다. 비록 몸은 피곤하지만, 체력단련실에서 몸을 더 건강하게 하자! 체력은 군 생활을 버티는 기반이 된다. 또한 향후 사회생활에서도 기초체력을 제공할 것이다. 체력단련실에는 여러 종류의 운동기구가 있다. 유산소 운동, 무산소 운동, 그전에 운동하지 않았다면 과감하게 새로이 시작해 보라! 새로운 경험을 할 것이다.

진중문고(陳中文庫)

진중문고는 군부대 도서관 또는 생활관의 책꽂이에 비치된 '책'을 말한다. 어렵게 표현되어 있지만 그냥 책이다. 진중이란 말 그대로 부대의 안(한가운데)에 비치된 책을 넣어둔 방(문고)이다. 참으로 낯선 표현이지만 일종의 양서의 모임이라고 생각하면 쉽겠다.

진중문고는 미국에서 기원했다. 제2차 세계대전 1942년 미국 정부와 출판계는 책으로 군인의 사기를 높이기 위해 미국 병사들이 호

주머니와 배낭에 간편히 휴대할 수 있는 작은 페이퍼백을 제작해서 모든 전쟁터의 미군에게 보낸다는 계획을 세웠다. 이것이 진중문고의 시작이다. 진중문고는 특별한 책이 아니다. 보통 군대 관련 책만 있을 거로 생각하지만, 그렇지 않다. 수많은 베스트셀러와 고전과 삶을 풍성하게 만드는 문학, 경제경영, 인문·사회 등 좋은 서적이 많다.

진중문고는 엄선하여 선정한다. 문화체육관광부에서 선정한 우수 도서 자료목록을 기초로 선정 절차를 거쳐 진중문고가 된다. 그러니 진중문고에 있기만 해도 충분히 읽어서 손해 보지 않을 책이라는 의미이다. 책은 삶을 풍성하게 한다. 부대 규모마다 진중문고의 모습은 다르다. 한쪽에 있는 진중문고를 외면하지 말고 적극적으로 이용하자! 소중한 젊은 시절을 뜻있게 보낼 수 있는 하나의 방안이다.

노래방과 오락실 등

요즘은 노래방과 오락실이 있는 부대가 많다. 이곳도 적극적으로 이용하자! 적절하게 스트레스를 풀어주는 것도 바람직한 군 생활을 위한 하나의 방법이다. 이것은 군 생활을 안정적으로 하기 위해 꼭 필요한 것이니 여건이 되는 한 적극적으로 활용하자!

무엇보다 중요한 건 이것들이 소중한 경험이 된다는 사실이다. 체력적으로 강해지고, 책을 많이 읽는다면 앞으로 살아가는 데 큰 도움이 될 것이다. 생활관 안 침대에만 있지 말자! 우리는 충분한 에너지가 있다. 체력적인 면과 정신적인 면에서 한층 성숙한 모습으로 사회에 나올 수 있도록 노력하자!

③ 군인의 혜택, 마음껏 누리자

아는 게 힘이다.

군인은 의외로 많은 혜택이 있다. 군인 신분으로 받을 수 있는 소소한 혜택부터 실질적인 금전 혜택까지 말이다. 전역 후에도 누릴 수 있는 혜택이 있다. 문제는 자기가 찾지 않으면 알기 어렵고 놓치기 쉬운 것들이라는 점이다. 찾아보면 더 많은 게 있을 것이다. 여기에서는 간략히 언급해 보았다.

군인이 받는 혜택

군인이 되면 자동으로 받는 혜택이 있다. 극장 할인, 외식, 테마파크, 스포츠, 숙박 등 의외로 쏠쏠하다. 아는 것과 모르는 것은 1~2만 원 아쉬운 시기에 많은 도움이 될 수 있으니 확인해보자!

극장 할인이 가장 대표적이다. CGV와 롯데시네마에서 2D와 3D 영화를 8~9천 원으로 볼 수 있다. 물론 통신사 제휴와 카드사 할인으로도 비슷한 금액에 볼 수 있지만, 결제할 때마다 에너지를 소모해야 한다. 그에 반해 군인 할인은 군 신분증 하나면 동반 3인까지 동일한 혜택을 받는다. 그리고 카드 종류에 따라 추가 할인이 더 가능하다.

테마파크도 무료 또는 할인을 받는다. 휴가증과 군 신분증을 제시하면 에버랜드, 롯데월드, 경주월드는 무료입장할 수 있다. 프로축구도 K리그 1군 12개 팀, 2군 10개 팀의 경기를 무료로 관람할 수 있다. 축구를 좋아하는 운동인의 경우 좋은 혜택이라 하겠다.

필자가 가장 좋은 혜택이라 생각하는 것은 토익시험 할인이다. 토익시험은 비용이 많이 들지만, 많은 회사의 입사 시 기본점수로 여전히 활용되고 있다. 수많은 취업준비생이 토익시험을 주기적으로 보니, 불가피하게 비용이 나간다. 군인은 토익 시험에서 50% 할인을 받는다. 한 번에 몇만 원을 아낄 수 있다. 전역 후에 점수를 사용할 예정이거나, 군대 내에서 필요하다면 군인 할인을 적극적으로 사용하자.

그밖에 신라스테이 숙박비 할인, VIPS 할인, 제주항공 10% 할인 등이 있다.

할인정보	

병사복지의 나라사랑포털

앞에서 말한 혜택은 '나라사랑포털' 사이트에 기재되어 있다. 나라사랑포털은 입대 예정자, 병역의무를 수행하는 현역 병사, 예비역 등을 위해 각종 서비스를 지원한다.

나라사랑포털에는 그 외에도 자기계발이 가능하고, 삶의 질을 향상할 수 있는 많은 여건을 구비하고 있다. 대표적인 것이 '군-e러닝'이다. 병사가 관심이 많은 어학학습과 요즘 주목받는 Cording 등의 IT 관련 지식과 강의를 탑재하고 있다. 취업에 대한 정보와 기본소양을 키우는 인문학 수업과 대학생이라면 대학교 학점도 취득할 수 있다. 잘만 활용하면 자기계발도 충분히 가능하다.

그 밖에도 의무 병사에게 나라사랑카드 재발급을 지원하고 군 생활하며 필요한 작업, 전우 찾기 서비스, 입영통지서 확인, 전역증 조회, 철도 예약의 업무를 할 수 있다. 무엇보다 모바일 휴가증을 발급할 수 있어 분실하거나 훼손되는 종이 휴가증의 대체가 가능하다. 모바일 휴가증은 군인 혜택을 받을 때 요긴하게 활용할 수 있다.

✚ 나라사랑포털

나라사랑카드

나라사랑카드는 '병역판정검사를 받은 병역의무가 있는 사람'에게 발급되는 체크카드다. 병역판정검사 기준으로 발급하기 때문에 신검에서 어떤 결과가 나왔든지 받을 수 있다. 이 카드로 병역판정검사 및 입대 시 신분을 확인하고 병역판정검사 여비, 군 지원 면접 여비, 입영 여비, 복무 중 급여, 예비군 여비 등이 입금된다. 입금 금액을 사용할 수 있는 체크카드와 후불 교통카드 기능이 있다. 현재 'KB국민'과 'IBK기업은행'에서 발급된다.

2020년 11월부터 모바일에서 나라사랑포털을 사용할 수 있다. 모바일앱은 기존에 웹 기반의 한계를 극복해 장병복지에 더욱 이바지할 것이라 예상된다.

나라사랑카드 혜택_KB국민은행, IBK기업은행

국군복지포털

두 번째로 국군복지 포털이 있다. 국군복지 포털은 현역인 병사를 포함한 국군장병이 이용하는 사이트이다. 나라사랑포털과 다른 점은 나라사랑포털은 간부(부사관, 장교 등)를 제외한 의무 복무 병사를 주 대상으로 하는 데 반해 국군복지 포털은 전 군인을 대상으로 한다는 점이다. 특히 군인 가족도 함께 사용할 수 있어 현역 병사를 자녀로 둔 부모도 이용할 수 있다.

국군복지 포털에서 가장 큰 혜택은 숙박시설 예약이다. 군에서 운영하는 전국의 호텔·콘도와 민영 시설을 저렴한 비용으로 이용할 수 있다. 군에는 전국 각지의 숙박시설이 있는데 이 사이트를 통해 주요 유명 관광지의 숙소를 저렴하게 이용하는 것이다.

마트·쇼핑타운 온라인 사용도 큰 혜택이다. 군 마트에는 시중보다 저렴한 가격으로 생필품을 판매한다. 특히 주류가 면세인 것은 유명하다. 온라인으로 간편하게 주문할 수 있어 편리하게 이용할 수 있다. 또한, 전국 각지의 군 마트^{BX/PX}에 직접 방문해 관련 서류(가족관

계증명서, 가족 신분증, 대상자 신분증 사본)를 제시하면 물품과 주류를 구매할 수 있다. 국방복지포털에 가족이 등록되어 있다면 신분증만 지참하면 된다.

국군복지 포털도 모바일 앱으로 사용할 수 있다. 이렇게 군인으로서 그리고 군인 가족으로서 누릴 수 있는 혜택은 찾아보면 다양하다. 인터넷을 검색하고 가입하는 수고로움을 한다면 다양한 금전적인 혜택을 받을 수 있을 것이다. 이런 복지는 누가 알려주는 것이 아니기 때문에 아는 것과 그렇지 않은 것은 차이가 있다. 아무쪼록 이 책을 읽는 독자가 더 많은 혜택을 찾아보기 바란다. 여기에 설명하지 못한 것이 더 있다. 군인으로서 받을 수 있는 보상과 혜택은 충분히 누릴 것을 제안한다. 행복한 군인이 전투도 잘하는 법이다!

국군복지 포털 이용방법	

군인공제회

군인은 호텔·콘도·컨벤션, 체력단련장, 기숙사, 마트·쇼핑타운, 인터넷 쇼핑몰 등 각종 복지시설을 이용할 수 있고, 장기복무 군인은 전국 휴양지의 각종 복지시설을 저렴한 가격으로 이용할 수 있다.

4 장병내일준비적금으로 목돈 만들기

군대에서 봉급이라는 걸 처음 받았을 것이다. 물론 아르바이트나 일찍 취업한 이도 있겠지만 어딘가에 정식으로 소속되어 매달 같은 날, 같은 시간에 꼬박꼬박 받는 경우는 대부분 처음일 것이다.

군 생활은 돈에 대해서 너그러운 시기이다. 무엇보다 돈을 벌려고 군에 온 것이 아니기 때문에 월급은 있어도 그만이고 없어도 그만일 수 있다. 스트레스를 풀기 위해 돈을 쓰기도 하는데 실제로 스트레스 해소에는 도움이 된다. 그러나 제대 후 학비나 사회생활에 도움이 되고자 목돈을 모은다고 한다면 매우 유익한 정보가 있다.

여기서 소개하려는 것은 군인을 위한 적금상품이다. 적금은 확정된 이자에 따라 일정 조건만 충족하면 안정된 수익을 안겨준다. 주식, 코인은 많은 경험과 전문지식이 필요하고 위험Risk이 크다. 안정적인 방법으로 군대에서 목돈을 만들어 보자!

군인을 대상으로 한 '장병내일준비적금'은 말 그대로 장병을 대상으로 내일을 준비하게 하는 적금상품이다. 이 적금은 병역의무 이행자가 복무기간에 급여 적립, 목돈 마련을 통해 전역 후 성공적인 사회 진출이 가능하도록 정부가 은행과의 협약을 통해 제공하는 금융 서비스이다. 적금 대상자는 현역병, 상근예비역, 의무경찰, 해양 의무경찰, 의무소방원, 사회복무요원, 대체복무 요원이다. 그러니 장교, 부사관 등 간부와 직업군인은 가입 불가하다.

주요 은행을 포함한 시중 14개 은행에서 신청할 수 있는데 가입 대상자가 해당 소속 부대 병무청 등에서 가입자격 확인서를 발급받아 신병 교육기관 및 은행에서 가입하는 방식이다. 장병내일준비적금은 월 납부금에 대해 높은 금리 혜택이 있다. 15개월 이상 적립 기준으로 기본금리는 평균 5% 이상으로 6%인 상품도 있다. 요즘 금리가 하루가 다르게 바뀌고 있어 검색해보고 판단하길 권한다. 월 적립 한도는 은행별로 20만 원, 개인별로는 최대 40만 원까지 적립할 수 있으며 기본금리에 더해 추가금리 제공조건 등은 은행별로 다르니, 꼼꼼하게 따져보고 가입하자! 이 적금은 가입자의 목돈마련을 지원하기 위해 국가 예산으로 지급되는 장려금으로 1% 이자 지원금과 함께 원리금의 33%에 해당하는 금액을 추가로 지원한다. '3대 1 매칭 지원금'이라 부르며 정부에서 적금 납부금(원금+이자+1% 이자 지원금)의 33%에 해당하는 금액을 추가로 개인에게 지급하는 혜택이다.

예를 들어 매달 40만 원을 18개월 납입하면 원금은 720만 원이다. 여기에 은행이자 연 5%인 28.5만 원이 은행에서 주는 이자이고, 여기에 정부에서 주는 국가지원이자 연 1%가 추가되어 총 754.2만 원이 만기 시 받는 원리금이다. 여기에 국가에서 추가로 33%의 이자를 지급해 1,000만 원이 넘는 금액을 전역 시 받게 된다. 사회에 나오는 초년생이 큰 목돈을 확보할 수 있다. 720만 원이 18개월 만에 1,003만 원이 되니 수익률로만 계산하면 39%의 높은 수익률이다. 18개월 만에 39%로 수익률은 어느 재테크 수단으로도 달성하기 어렵다. 군 생활에서 결코 놓쳐서는 안 될 수단이다. 자세한 사항은 대한민국 국방부, 은행연합회 홈페이지에서 확인할 수 있다.

물론 매월 40만 원을 정기적으로 낸다는 건 쉬운 게 아니다. 봉급의 반 이상을 저축한다는 것은 많은 스트레스를 줄 수 있다. 특히 군대 봉급이 늘었다 하지만 절대적으로는 작다. 쓰기 시작하면 단숨에 사라지는 금액이다. 그러나 모으기 어려운 만큼 전역 후 성취감을 쉽게 경험할 수 있다. 군대 생활은 저축을 습관화할 수 있는 절호의 기회라고 생각한다. 절대 놓치지 말자!

✚ 나라사랑포털

적금 지급대상자

① 만기 계좌

② 적금 만기일과 전역일(또는 소집해제일)이 일치하는 고객

③ 계좌 해지 시, 확인서(전역증, 병역증, 병적증명서, 대체복무 요원

　복무확인서 중 택1) 원본 제출

· 대한민국 국방부 - 병사복지지원

· 은행연합회 홈페이지 - 예금상품금리비교

5 무료로 국가기술검정 응시하기

국가기술자격검정이란, 국가기술자격을 위한 검정이다. 국가기술자격이란 「자격기본법[1]」에 따른 국가자격 중 산업과 관련 있는 기술·기능 및 서비스 분야의 자격을 말한다. 산업기사, 기능사와 같이 많이 알려진 정보처리기능사, 지게차운전기능사 같은 자격증이 이에 해당한다. 국기검이라 부르는 군 국가기술자격 검정제도는 민간에서 시행하는 국가기술자격 검정을 국방부가 위탁 시행하는 제도로 군에 복무 중이라면 계급 상관없이 응시할 수 있다. 매년 두 번 전·후반기로 국기검 응시자를 모집한다.

국기검은 검정을 위한 모든 비용이 무료이다. 1차 필기시험, 2차 실기시험까지 응시료뿐 아니라 실기시험을 위한 집체교육도 군대에서 진행해준다. 사회에서 수만 원의 응시료와 실기시험 준비를 위한 교육비, 교재비도 들지만, 군대에서는 비용에 대한 걱정 없이 공부에만 매진할 수 있다. 단지 자신의 노력만 있으면 된다. 그리고 부차적인 장점이지만 시험과 교육 기간에 본래 일과에 참여하지 않아도 된다. 시험 보는 시간이나 실기시험 집체교육이 일과 중(08:30~17:30)이기 때문에 반복되는 일상에서 시험공부를 위해 합법적으로 훈련에서 벗어날 수 있다. 또한 부대에 따라 국기검에 합격하면 포상 휴가를 주기도 한다. 국기검은 군대의 큰 혜택 중 하나이니 원하는 자격증을 획득해 사회에 나아가는 첫걸음을 만들자!

---

1 자격에 관한 기본사항을 정해 제도의 관리·운영을 체계화하고 평생직업능력개발을 촉진해 국민의 사회경제적 지위를 높이고 능력중심의 사회구현에 이바지함을 목적으로 하는 법

국기검 시험일정

구분	전반기	후반기
접수	2월	7월
필기시험	3월	9월
실기시험	4~5월	10~11월
합격자발표	6월	12월

국기검 주요 종목

구분	자격증	비고
산업 기사 (11종목)	건설기계정비, 궤도장비정비, 전기공사, 정보처리, 자동차정비,용접, 위험물, 전기공사, 통신선로, 광학기기산업기사, 항공, 에너지관리	세부 종목은 변동 가능
기능사 (42종목)	한식, 양식, 중식, 건축도장, 건축목공, 전산응용건축제도, 측량, 배관, 지게차운전, 굴삭기운전, 기중기운전, 로더운전, 롤러운전, 불도저운전, 궤도장비정비, 용접, 특수용접, 전기, 전자계산기, 건설기계정비, 전자기기, 에너지관리, 자동차정비, 위험물, 가스, 정보처리, 정보기기운용, 통신선로, 환경, 항공기체정비, 통신기기	

국기검 시험일정

⑥ 정치 활동은 잠시 접어두자!

대한민국 국민은 헌법에 따라 정치적 기본권을 갖는다. 이런 정치적 자유는 언론, 출판, 집회, 결사의 자유, 정당설립과 활동의 자유, 선거운동의 자유라고 할 수 있다. 일반 국민은 자유롭게 정치활동을 할 수 있다. 반면 군인은 정치적으로 중립이어야 한다. 정치적 중립이란 정치하는 특정 정치세력, 보수, 진보, 우파, 좌파에 휩쓸리지 않고 본연의 업무에 전념하는 것을 의미한다. 더 넓은 의미로는 사회의 특정한 이익단체를 위해 행동하지 않는 것을 의미한다. 즉, 군인은 본연의 임무인 국가방위와 국민의 생명과 재산을 지키는 행위에 매진해야 한다. 국가와 국민의 안위를 위해서 일해야지 국가 내 특정 단체를 위해서는 안 된다.

군인의 지위 및 복무에 관한 기본법에서 군인의 정치운동 금지 내용이 명시되어 있다. 군인은 정당이나 그밖에 정치단체의 결성에 관여하거나 가입할 수 없으며 선거에서 특정 정당 또는 특정인을 지지 또는 반대하기 위한 행위를 할 수 없다. 물론 공무원도 군인처럼 정치활동이 제한되어 있다. 공무원은 국민의 공복公僕으로 국민의 행복과 복지를 위해 봉사해야지 특정 정치단체, 이익단체를 위해서 일해서는 안 된다. 이는 위 법과 유사한 내용으로 관련 법령[2]에 명시되어 있다. 하지만 군인은 공무원보다 더 강하게 정치활동이 제한된다. 군의 무력武力이 특정 방향으로 사용된다면 파급효과는 실제적이고도 부정적인 영향을 끼칠 수 있기 때문이다. 군인이나 군무원이 정치에 관여하면 징계처분을 넘어 군형법에 따라 형사처벌을 받을 수 있다.

군형법 Criminal Law 은 군인이 정치에 참여했을 경우 5년 이하의 징

---

2 국가공무원법 제65조(정치 운동의 금지)

역과 5년 이하의 자격정지를 취하는 형사처분 내용을 포함한다. 군인의 정치참여를 단순한 군 내부에서 징계(강등, 정직, 감봉, 견책 등)에 멈추지 않고, 법의 수준에서 처벌한다는 의미로 전과자가 될 수 있다. 징계는 일정 기간이 지나면 말소되거나, 군 조직을 떠나면 영향이 줄어드는데 형사처분은 지워지지 않고 평생 따라다닌다. 소위 빨간 줄이 그어진다. 이는 군인의 정치적인 활동이 군 내부뿐만 아니라 사회에 미치는 영향을 고려해 강력하게 처벌 규정을 명시해 놓은 것이라 할 수 있다.

가장 금지해야 할 것은 정당 활동이다. 정당에 가입하거나, 정치적 목적이 농후한 행사의 참여, 정당에 정치후원금을 기부하는 행위를 포함한다. 하지만 이런 행위를 실제로 하는 경우는 많지 않다. 오히려 더 무서운 것이 SNS에서 손가락으로 행해지는 행위이므로 SNS 사용 시 특히 주의해야 한다. 요즘은 대부분 SNS나 유튜브 같은 양방향 통신을 사용한다. 그만큼 자기를 표현할 기회가 많고, 표현하는 만큼 실수할 가능성이 크다. 대표적으로 SNS에서 무심코 발생하는 정치적 중립 위반 행위는 다음과 같다.

① SNS에 군 통수권자를 비방하는 행위

② SNS에 정치 관련 글에 찬성 또는 반대하는 글을 게재

③ 위와 같은 글에 '좋아요' 등 여러 차례 표현

④ 특정 정당 또는 정치인에 관한 기사 배포, 익명 댓글 작성

SNS에서 불가피하게 접하는 정치 관련 게시물에 대해 공감하거나 공감하지 않을 수 있다. 또한 좋아하거나 싫어하는 정치적인 인물에 대해 지지하거나 분노할 수 있다. 의견이 다른 누군가와 논쟁하고 싶

을 수 있다. 하지만 군인이라면 '좋아요'를 누르기 전에 그리고 의견을 적기 전에 자신의 지위와 사회적 위치에 대해 생각해야 한다. 내 생각은 전역 후에 마음껏 표현하자!

군인의 지위 및 복무에 관한 기본법

제33조(정치 운동의 금지)

① 군인은 정당이나 그 밖의 정치단체의 결성에 관여하거나 이에 가입할 수 없다.

② 군인은 선거에서 특정 정당 또는 특정인을 지지 또는 반대하기 위한 다음 각호의 행위를 하여서는 아니 된다.

1. 투표하거나 하지 아니하도록 권유 운동을 하는 것
2. 서명 운동을 기도 · 주재하거나 권유하는 것
3. 문서나 도서를 공공시설 등에 게시하거나 게시하게 하는 것
4. 기부금을 모집 또는 모집하게 하거나, 공공자금을 이용 또는 이용하게 하는 것
5. 타인에게 정당이나 그 밖의 정치단체에 가입하게 하거나 가입하지 아니하도록 권유 운동을 하는 것

③ 군인은 다른 군인에게 제1항과 제2항에 위배되는 행위를 하도록 요구하거나, 정치적 행위에 대한 보상 또는 보복으로서 이익 또는 불이익을 약속하여서는 아니 된다.

출처 : 국가법령정보센터

7 군대에서 유튜브 등 겸업이 가능할까?

N잡 시대

많은 사람이 자신의 본업을 넘어 새로운 일을 한다. 주간에는 직장

에서 일하고, 퇴근 후에는 새로운 일을 하는 경우가 많아지고 있다. 이는 한 개의 직업으로는 경제적인 만족도가 낮아서일 수도 있고 아니면 기회가 많아져서일 수도 있다. 학생도 어릴 때부터 재테크에 관심을 두는데, 단순한 아르바이트에서 머무르지 않고 가상화폐나 주식에 투자한다. 일찌감치 소규모 사업을 하는 경우도 많은데 인터넷 쇼핑몰이 대표적이다. 상황이 이러하니, 군대에 오는 20대 초중반의 젊은이들이 이미 경제활동을 하고 있거나 입대 전에 상당한 돈을 번 경험이 있다. 그래서 자연스레 군대에서도 경제활동을 원하니 경제활동이 가능한지 궁금해한다.

크리에이터와 유튜버는 최근 몇 년간 사회의 이슈로 아이들 장래 희망 1순위를 차지했다. 수많은 사람이 유튜버에 도전하고 있다. 입대하는 젊은이, 그리고 복무 중인 군인도 유튜버에 관심이 많다. 특히 입대 전 많은 수익을 올리던 사람은 계속 영상을 올려도 되는지, 기존 영상은 그냥 놔둬도 되는지, 자연스레 발생하는 수익은 어떻게 해야 하는지 궁금할 것이다.

'군의 지위 및 복무에 관한 기본법(군인복무기본법)'은 군인의 기본권을 보장하고, 군인의 의무 및 병영생활에 대한 기본사항을 정하여, 선진 정예강군 육성을 목적으로 한 법(2020년)이다. 군인은 업무 외에 돈 버는 일을 할 수 없으며, 직무도 국방부 장관의 허락을 받아야 한다. 즉, 군인은 군 복무를 통해서만 경제활동이 가능하고, 군대 외부에서 직무를 수행하려면 군 상부의 허락을 받아야 한다.

시행령에는 군무軍務 외 영리를 목적으로 하는 업무를 구체화한다. 영리 추구행위는 상업, 공업, 금융업 등 영리적인 업무를 스스로 경영하여 영리를 추구하건, 그런 사기업체의 직원이 되는 행위, 직무와 관련 있는 기업에 투자 등이 있다. 이렇게 영리 추구 행위를 금지하는 이유는 군인의 직무 능률을 떨어뜨리거나, 군무에 부당한 영향을 끼치거나, 국가의 이익과 상반되는 이익을 취득하거나, 군에 불명예스러운 영향을 끼칠 우려가 있기 때문이라고 유추할 수 있다.

유튜브 활동은 겸직일까?

그러면 유튜브 활동은 위 법에서 제한하는 영리 행위와 겸직에 해당할까? 결론부터 말하자면 겸직이 맞다. 유튜브 활동이 군인 업무 외의 직무에 해당하여 수익을 받지 않더라도 군무 외 직무로서, 군인 임무와 병행할 수 없다.

이는 유튜브 활동과 유사한 인터넷 방송, 개인 블로그도 마찬가지이다. 유튜브 내용이 군대와 관련이 없어도 마찬가지이다. 많은 사람이 보는 영상물에 군대 관련 내용을 넣는 건 안 된다고 알고 있을 것이다. 하지만 군대 관련 내용이 아니더라도 일반적인 내용을 만들고 게시하는 것도 제한되어 있다. 물론 군 복무자와 마찬가지로 영리 업무와 겸직을 금지하는 교사, 공무원 등은 담당 직무수행에 지장이 없는 한 유튜브, 트위치 등 인터넷 개인방송이 허용된다. 지난해 12월부터는 수익이 발생하면 소속 기관의 겸직 허가를 통해 부가 수입도 얻을 수 있다. 반면에 현재까지 군인은 아직 허용되지 않는다. 이는 군인의 직업적인 특수성에 기인한 것이라 할 수 있다.

군인의 인터넷 업데이트 활동은 제한된다

이에 군인은 입대 이후에는 유튜브 등 인터넷 방송이나 블로그에 동영상이나 내용을 업데이트하는 행위를 하지 않아야 한다. 전역하기 전까지 불특정 다수가 보는 콘텐츠를 인터넷에 게시하는 행위는 금지되니 복무하는 동안 개인 생활은 자제하는 노력이 필요하다.

모든 행위가 금지된 게 아닌 겸직과 영리 행위와 관련된 내용이 제한될 뿐이다. 제도는 점점 변화하니 지금 제한된다 하더라도 완화되거나 다른 변화가 있을 수도 있다. 교사와 공무원도 개인방송 활동 지침이 생긴 것처럼 군인도 그 추세를 따를지도 모르겠다. 그러므로 포기하기 전에 먼저 확인하자. 지금 이 책을 읽는 독자의 그때는 지금과 상황이 달라질지도 모르니 말이다. 병무청이나 국방부 Q&A 게시판 홈페이지를 통해 달라진 지침을 확인할 수 있다.

군 생활 중 대외활동 가능한가요?

앞서 언급했듯이 군인은 영리 행위와 겸직을 할 수 없다. 군인은 군인의 본분과 직무에만 충실해야 한다. 그렇다면 군인은 퇴근하거나 휴가 중에도 아무것도 할 수 없을까? 경제적인 이유가 아닌 좋아하는 취미나 사람들과 어울리는 모임에서 어떤 역할을 할 수도 있다. 가령 인터넷 카페 회장, 동호회 활동 등이 대표적인 예이다.

군인 기본법에는 군인의 대외 발표 및 활동에 관한 언급하고 있다. 군인은 기본적으로 국방 및 군사에 관한 사항을 군 외부에 발표하거나, 군인이 대표하여 또는 군인의 신분으로 대외활동을 할 때 국방부 장관의 허락을 받아야 하므로 상부의 허락을 받아야 한다. 군인은 마음대로 군대 관련 사항을 외부에 말하거나 군인 신분으로 대외적인 활동을 할 수 없다. 다만, 예외적으로 '순수한 학술, 문화, 체육 등의 분야'에서 '개인 자격'으로, '직무수행에 지장이 없는 경우'에 대외활동을 할 수 있다. 사전에 부대 지휘계통을 통해 가능한지를 확인하고 허가가 필요한 상황이면 허가받고 활동하는 것을 추천한다.

참여 대상이 전 국민인 대외 공모전은 군인도 참여할 수 있으며 상품 및 상금 수상도 가능하다. 공모전을 통한 수익은 '계속된 재산상의 이득'으로 보기 어려우니, 영리 행위가 아니기 때문이다. 계속성의 기준은 매일·매주·매월이나 계절적으로 계속 행해지거나 행할 가능성이 있는 것을 의미한다. 하지만 이 역시도 참가하기 전에 부대에 알리고 참가할 것을 추천한다. 공모전의 '주제'나 '주최기관'에 따라서 제한이 있을 수도 있다. 단, '군인은 제외'라면 참여 불가하다.

군내 대외활동도 있다

대외활동은 꼭 군대 바깥을 의미하는 것은 아니다. 찾아보면 군대 내에도 수많은 대외활동이 있는데 대표적으로 '병영문학상', '충성대 문학상', '도전! 나도 명강사' 등이다. 이외 많은 군인(또는 군 관계자) 대상 공모전이 있으며 이는 부대 내 인트라넷을 통해 전파되니 직접 확인하거나 간부에게 물어보자!

국제기능올림픽 대회 은메달 수상

공군 제11전투비행단 부품 정비대대 김정민 중사가 2022년 11월 영국에서 열린 제46회 국제기능올림픽 대회에서 항공정비 부문 은메달을 수상했다.

김 중사는 2015년 공군병으로 입대해 복무하다가 2017년 부사관으로 지원해 하사로 임관했으며, 2018년부터 항공정비대회에 참가해 왔다. 그는 국가대표로 선발된 이후에 부대의 매뉴얼을 참고해서 일과 이후 시간과 주말을 이용해 대회를 준비했다고 한다.

은메달을 목에 건 김 중사는 '세계 속에서 대한민국 항공정비 기술력을 인정받아 매우 뿌듯하며 공군 인으로서 자랑스럽다.'라고 소감을 전했다.

출처 : 공군 인스타그램

PART
3

Top Gun이 되고 싶다,
공군은 어때?

공군 사례

공군 00 비행단 공병대대 소속 구 준위와 신 하사는 비행단 본부 회의실에서 계획처 소속 장교의 전투태세훈련[1]에 대한 계획설명을 듣고 공병대대로 돌아오는 길이다. 회의실과 공병대대가 직선거리로 멀지는 않지만, 중간에 활주로가 있어서 이동하는 데 도보로는 무리다. 차로도 약 10분은 소요되는데 한동안 정적이 흘렀다. 군 생활 29년 차인 구 준위는 어색함을 깨기 위해 신 하사에게 말을 건넨다.

구준위 박 하사 교육내용 잘 들었어? 어렵진 않고?

신하사 네, 잘 들었습니다. 계획 장교가 잘 설명해 주셨습니다.

구준위 다행이네! 그럼 우리 대대는 어떤 걸 준비해야 할까? 신 하사도 시설 특기지?

신하사 네! 공병건설 특기입니다. 우리 부대는 공병대대니 '활주로 피해복구'가 되지 않을까 합니다. 이번 전투 지휘검열[2] 시 나리오에 있을 가능성이 크다고 들었습니다. 당연히 이번 ORE 때 준비해야 할 듯합니다. 그 외 재난통제·화생방, 야간기지 방호훈련 정도가 되지 않을까 생각합니다.

구준위 그래 재난통제, 화생방 훈련은 공통으로 하는 것이고, 활주

---

1 ORE(Operation Readiness Exercise), ORI에 대비하는 사전 훈련으로, 유사 시 임무 수행 능력을 강화하기 위한 훈련

2 ORI(Operation Readiness Inspection), 부대의 전·평시 작전 수행 능력을 전 반적으로 점검하는 훈련

로 피해복구가 우리 대대의 주 임무지. 신 하사는 활주로 피해복구를 하는 이유가 무엇이라고 생각하나?

신하사 항공기가 원활히 뜨고 착륙하게 하는 것 아닙니까?

구준위 그렇지! 그 훈련에서 가장 중요한 요소가 뭐라고 생각하나?

신하사 음……, 잘 모르겠습니다.

구준위 제일 중요한 건 신속성이네! 최대한 단시간에 복구하는 게 중요하지. 내실있는 것은 당연한 거고, 어려운 말로 '전시 작전수행 및 지속능력'을 확보하는 거지.

신하사 네, 항상 항공기가 이착륙하는 환경을 유지해야 하는 거군요. 만약 환경이 안 되면 최단 시간 내 그 환경을 다시 구축해야 한다는 것이고요.

구준위 그렇지. 신 하사는 가장 강력한 무기와 가장 약한 무기가 뭐라고 생각하나?

신하사 가장 강력한 건 핵무기 아닙니까? 약한 건, 모르겠습니다.

구준위 핵무기? 그것도 맞는데 공중에 있는 전투기가 아닐까?

신하사 공중에 있는 전투기요?

구준위 그렇지! 공중의 전투기는 연료와 무장만 있으면 언제 어디든지 최단 시간 안에 갈 수 있어. 엄청나게 빠른 속도로 말이지. 동에 번쩍, 서에 번쩍하는 것처럼 말이야. 육·해군이 하기 어려운 능력이지. 그런 면에서 가장 강력하다는 거야.

신하사 그럼 가장 약한 무기는?

구준위 지상에 있는 항공기지. 활주로 옆 격납고에 있는 전투기는 본연의 강점을 하나도 활용하지 못해. 빠르지도 않고, 공격할 수도 없어. 방어는 당연히 못 하는 거고……

신하사 일리 있는 말씀이십니다.

구준위 그런 의미에서 우리 대대의 임무인 비행장 피해복구 임무가 중요하다는 거야. 정확히 말하면 신속한 복구가 말이지.

신하사 네. 빨리 조치해야 하는 거군요.

구준위 그렇지. 그래서 평소에 많은 훈련을 해야 해. 더욱이 부서 간 상호 원활한 협조가 필수적이야. 비행단이라는 큰 테두리 안에 여러 개의 부대가 있는 형태에서 어떤 작전도 단독으로 수행되지 않아. 여러 부서의 협조와 도움이 필수적이야. 즉 팀워크가 매우 중요한 거야. 팀워크는 우리 공군의 특성상 매우 중요한 가치라고 할 수 있어.

신하사 네! 무슨 말씀하시는지 알겠습니다.

구준위 내가 너무 심각한 말을 했네! 이제 임관한 하사한테…….

신하사 아닙니다.

구준위 그래 생활하는 데 불편한 것은 없고?

신하사 다행히 큰 어려움은 없습니다. 그런데 전투기 소리는 시끄럽습니다. 부대 전입해서 제일 적응하기 힘들었던 게 전투기 이륙 소리였습니다. 어찌나 크던지 당직(근무) 하번(퇴근)하고 자는데 정신이 확 들었습니다.

구준위 크긴 크지. 숙소가 활주로와 가깝기도 해! 익숙해질 거야.

신하사 그래도 주변 여건은 편리해서 좋습니다. 특히 대중교통이 편합니다. 고향 집 주변엔 버스밖에 없는데, 오히려 군대 오니까 지하철도 있네요. 첫 휴가에서 복귀할 때 더운 날이 었었는데 KTX와 연결된 지하철을 타서 편안하게 왔습니다.

구준위 여기 대중교통이 좋아서 생활하는 데 불편함은 없을 거야.

신하사 네! 이번 주에 외출할 때 시내 가려고 합니다. 영화 보고 스타벅스에서 아이스 아메리카노 한 잔 마시려고 합니다.

구준위 그래! 그렇게 스트레스를 풀어야지. 늦게 다니지 말고!

신하사 네 알겠습니다. 걱정해주셔서 감사합니다.

구준위 (차에서 내리며) 그래! 수고하고!

공군은 하나의 비행단이라는 부대 내에 여러 개의 다른 기능을 가진 부대(부서)가 '모여' 있다. 부대의 '전시작전 수행 및 지속능력' 확보라는 부대의 목표를 달성하기 위해 각 부대(부서)는 각자의 임무를 맡고 있다. 공병대대는 활주로 복구 등을 비롯한 부대 내 시설물 관리, 군사경찰대대의 기지경계 임무 등이 그것이다. 임무를 수행하는 과정에서 최고의 성과를 내기 위해 서로 유기적인 관계를 맺고 있다.

공군부대는 대부분 대도시 주변에 있다. 일부 비행단과 관제대대·포대를 제외하고 우리나라의 주요 도시 구역 내 포함되거나 포함되지 않아도 멀지 않은 곳에 있다. 도시의 대중교통 및 문화 혜택을 누릴 수 있다. 자기계발 및 문화생활에 관심이 있다면 우선순위에 넣는 것을 추천한다.

1. Top Gun의 군대,
공군

군종	심벌마크	창군일	구호
대한민국 공군	 대한민국공군 REPUBLIC OF KOREA AIR FORCE	1949년 10월 1일	대한민국을 지키는 가장 높은 힘, 정예 우주공군

육군과 해군은, 비록 어리지만, 대단히 중요한 막내의 탄생을 알아야만 한다.

줄리오 듀헤 [이탈리아 장군이자 항공전략 사상가]

육군은 전통적인 군이다. 그에 비해 공군은 청년기 수준의 군이라고 할 수 있다. 시간적인 측면에서 청년도 아니고 소년기라 해도 과언이 아니다. 공군이라는 군종Military branch이 역사의 전면에 등장한 건 오래되지 않았다. 원래 공군은 육·해군에 소속된 '부대'였다. 공군보다 '항공부대'라는 표현이 낫겠다. 초기에 지상 작전을 위한 보조 수단으로 활용되었는데 항공부대의 주요 역할은 육군의 보병, 포병을 지원하는 적지의 정찰 임무가 주 임무였다. 하지만 점차 항공기 성능이 향상되면서 항공기가 육군의 보조수단이나 지원 수단이기에는 아까워졌다. 항공력만으로 적국에 심각한 피해를 주는 공격 능력을 보유하게 된 것이다. 더욱이 항공기는 기존 군이 갖지 못한 새로운 영역(공중)에서 압도적인 기동성(속도)을 갖는다. 이런 항공기 전력을 효율적으로 관리하고 통제하기 위해 새로운 조직의 필요성이 대두되었다. 이것이 각 국가의 공군 독립으로 이어졌다(줄리오 듀헤, 1999, 제공권).

우리나라의 공군은 1949년 10월에 창설되었다. 이는 육·해군에 비해 1년 늦은 것이지만 태동은 1919년 대한민국 임시정부까지 거슬러 올라간다.[1] 상해 임시정부 안창호 선생의 항공기 구입 시도와 미국 캘리포니아주의 한인 비행학교 설립을 시작으로 지속해서 항

---

1 1920년대에 양성된 한인 비행사 중 일부는 상해 임시정부로부터 비행병 참위(현 소위)에 임명되었으며, 일부는 중국 국민정부 항공대 창설 멤버 및 중국 공군 항공대 일원으로 활약했다. 1930년대에 한인 비행사가 중국 항공대 일원으로 중일전쟁에 참가했으며 1944~1945년 상해 임시정부에서 공군설계위원회를 결성하고 '한국광복군 비행대'를 창설해 공군 건설에 노력했다. 미군과 합동작전을 펼쳐 한반도로 진격하는 '국내진공작전'을 준비했으나 일본의 항복으로 무산되었다(출처_공군 홈페이지).

공력을 활용한 독립운동을 추진했다. 1945년 해방 이후에는 통위부[2] 직할부대로 항공부대가 창설되어 대한민국 공군이 탄생하는 기틀을 마련했다.

1 기선을 제압하는 군대

공군은 적의 기선을 제압하는 임무를 수행한다. 개전 초기에 항공기 특유의 높은 기동성[3]을 활용해 짧은 시간에 적진 깊숙이 침투해 중요시설을 타격하여 적의 전쟁 의지를 떨어뜨린다. 여기서 중요시설이란 적국 후방의 적 지휘부 군사시설 등 전쟁에 필수적인 인원·시설 등을 의미한다. 전쟁 초기부터 중요시설이 파괴되어 적에게 심리적 타격을 줌과 동시에 추후 투입되는 아군의 지상·해상전력이 원활한 임무를 수행하도록 한다. 전쟁을 본격적으로 수행하기 전에 승리할 수 있는 심리적, 군사적인 여건을 마련한다.

2 적의 기본 체력을 소진하는 군대

공군은 적의 기본 체력을 소진한다. 향후 전쟁에 활용되는 후방시설과 인원에 대한 공격이 가능하다는 것이다. 원하는 지역에 신속하게 진입할 수 있는데, 항공력에 '행동의 자유'가 있기 때문이다. 제공

---

2 統衛部, 국방부의 전신으로 미군 정기의 국방과 경비를 전담하던 기구

3 전투기 최고속도는 '마하 2(2,448km/h)' 수준이다. 즉, 1초에 약 680m 이동하는 셈이다.

권[4] 또는 공중우세[5]가 확보된 하늘에서 항공력은 지상전력이나 해상전력과는 다르게 '행동의 자유'가 확보된다. 무장과 연료가 되는 한 적진 깊숙이 침투할 수 있다. 전후방 구분 없이 우선순위에 따라 임무를 수행하는데 이는 전선에 교착되어 쉽게 움직일 수 없는 지상·해상전력과 다르다. 공군은 전후방에 깊숙이 침투해 주요 생산시설 등 적의 전쟁을 위한 기본 체력, 즉 잠재력을 파괴하는데 이는 전쟁을 단시간 내에 종료시킨다. 그만큼 인명피해 같은 불필요한 피해 확대를 방지하는 데 도움을 준다.

③ 지·해상군을 지원

공군은 지·해상군을 지원하는 임무도 있다. 전선에서 적과 전투를 벌이는 지상·해상군에 화력Fire Power을 제공하거나 후방에서 전쟁물자를 수송하는 임무 등 전투에 직간접적으로 도움을 주는 형태이다. 근접항공지원[6]이 대표적인 예라고 할 수 있다.

④ 움직이지 않는 부대

항공기와는 다르게 공군부대 대다수를 차지하는 공군 비행단은

---

4 전(全) 전쟁 지역에서 적 항공력의 간섭을 배제할 수 있는 아군 공군력의 절대적인 공중 우세 상태
5 적에게 방해받지 않고 아군이 자유롭게 작전 수행할 수 있는 우세한 수준의 공중 통제 수준
6 Close Air Support, 헬리콥터나 전투기 등 항공기가 공습해 지상군의 군사작전을 지원하는 전술

이동하지 않는다. 전쟁이 일어나면 육군은 이동하지만 공군은 여건이 허락되는 한 부대를 지킨다. 부대가 망가질 대로 망가져서 복구할 수 없기 전까지는 특별한 이유가 없는 한 부대를 떠나지 않는다. 공군은 평시나 전시 상관없이 부대의 물리적인 테두리 안에서 외부 침입을 대항한다. 이는 부대가 망가지면 공군 임무 수행에 막대한 지장이 생기기 때문이며 그러므로 부대 안에는 항공기 이착륙을 위한 모든 시설과 인력이 있다. 중요한 건 공군부대는 단시간에 적은 비용으로 만들어질 수 있는 게 아니라는 점이다. 신속하고 안전한 항공기 이착륙을 위해 오랜 시간 공들여 만든 요새인 셈이다. 이들이 손상을 입으면 항공기의 이착륙이 불가하고 이는 항공력의 공백으로 이어진다. 따라서 공군 작전을 수행하기 위해서 우선 부대가 원활히 돌아가야 한다. 따라서 전·평시 구분 없이 부대 사수는 실제 항공작전만큼 중요한 임무가 된다. 이것은 공군부대를 중세 시대의 성으로 표현할 수 있는 이유이기도 하다.

대한민국 공군 공감 블로그

2. 공군이 되려면
어떤 방법이 있을까?

1 병사(용사)

기술·전문 특기병

자격·면허 소지, 전공 또는 경력이 필요하거나 선발의 전문성이 요구되어 별도의 지원 자격이나 선발기준을 정하여 모집하는 군사특기 중 어느 한 분야에 지원하는 방법이다. 일반병이 아닌 자신의 전공 분야나 원하는 분야에 지원할 수 있다. 전문기술병(기계, 차량정비, 화생방, 의무 등)과 전문특기병(어학, 의장, 군악 등)으로 구분된다.

임기제 부사관

공군의 첨단 장비 운용 및 전투력을 발휘하는 전문인력으로 병사의 의무복무기간 만료 후 하사로 연장 복무하며, 하사 임용 후 일정 수준의 보수를 받으면서 군 복무하는 제도이다. 병역법 일부 개정 (2020.12.22.)으로 유급지원병 명칭이 임기제 부사관으로 변경되었다. 병 의무복무(21개월)+연장복무(6~48개월)가 추가된다.

취업맞춤 특기병

고졸 이하 병역의무자가 군에 입영하기 전에 본인의 적성에 맞는 기술훈련을 받고 이와 연계된 분야의 기술병으로 군 복무함으로써 취업 등 안정적으로 사회 진출할 수 있는 현역병 모집 분야다.

2 부사관

공군의 부사관은 고등학교 졸업 이상 학력 소지자가 임관할 수 있다.

공군항공과학고등학교

우수 공군 부사관의 정규 양성기관인 공군항공과학고등학교에서 3년간 군사교육 후 장기복무 부사관으로 임관하는 제도이다.

학군부사관 후보생(RNTC)

학군단이 설치된 전문대학교 재학생을 선발하여 졸업과 동시에 부사관으로 임관하는 제도이다.

부사관 후보생

다양한 전공 분야의 전문지식을 갖춘 부사관 획득을 위해 고등학교 졸업 후 일정 기간의 군사교육을 이수한 후 임관하는 제도이다.

③ 장교(준사관 포함)

공군 장교는 4년제 대학교의 학사학위가 있어야 임관할 수 있다.

공사생도

고등학교 3학년 때 별도의 입시 시험을 거쳐 선발되며, 사관학교에 입교해 4년 동안 교육훈련을 받는다. 교육훈련을 마치면 졸업과 동시에 공군 소위로 임관한다.

학사사관

다양한 전공 분야의 전문지식을 갖춘 장교 획득을 위해 4년제 이상 대학 졸업 후 일정 기간의 군사교육을 이수한 후 장교로 임관하는 제도이다. 지원 자격은 4년제 대학 졸업 또는 졸업예정자이며 임관일 기준 만 20세 이상, 27세 이하인 자, 군필자는 「제대군인 지원에 관한 법률 시행령 제19조」에 의거 응시 연령(1~3세) 합산 적용한다.

학군사관(ROTC)

학군단이 설치된 4년제 대학교 재학생을 선발하여 졸업과 동시에 장교로 임관하는 제도이다. 공군 학군사관이 설치된 대학은 현재 항공대, 한서대, 교통대, 경상국립대, 서울과기대, 숙명여대이다.

예비장교 후보생

4년제 대학 재학생을 대상으로 선발하여 졸업 후 장교로 임관하는 제도이다.

군 가산복무지원금 지급대상자

우수 정보통신 인력의 육성, 군사학 발전을 위하여 공군과 아주대학교 간 협약을 통하여 공군 장교로 양성하는 제도이다.

조종분야 가산복무지원금 지급대상자

우수 조종인력의 안정적 획득을 위하여 4년제 대학교 재학생을 대상으로 선발하여 조종사로 양성하는 제도이다.

예비역의 현역 재임용

공군간부 중기복무자 부족소요 충원을 위해 군사 전문성이 우수한 예비역을 선발하여 공군 간부로 임용하는 제도이다.

항공 통제 준사관

항공 통제 준사관은 공중작전에 직접 참여하는 전문인력을 선발하여 공군 준사관으로 임용하는 제도이다.

3. 공군 생활의 특징

① 도시 주변에 있는 부대

공군부대는 우리나라 주요 대도시 서울 주변 성남을 포함해 경기도의 수원, 강릉, 원주, 광주 대구 등에 위치되어 있다. 대도시 이외의 지역이라고 해 봤자, 사천, 예천 정도뿐이다. 이처럼 공군부대가 도시 주변에 있는 건 자연스럽고 당연한 일이다. 이것은 우리나라 지형과도 연관이 있는데 국토의 80%가 산으로 되어 있으며 산 사이의 분지 형태 도시가 많기 때문이다. 항공기가 이착륙하기 위해서 공군부대는 넓은 평지가 필요하니 분지에 위치할 수밖에 없으니 도시와 가까울 수밖에 없는 것이다. 일부러 도시와 가깝게 지은 것은 아니다.

하지만 도시와 가까운 것은 생활하는 군인으로서는 유리하다. 도시 문화를 향유할 수 있고, 각각의 제반 시설과 교통시설을 활용할 수 있으며 그만큼 외부 사회와 커뮤니케이션이 활발해진다. 공군 장병은 타군에 비해 많은 문화 혜택을 누릴 수 있다.

❷ 전투기 소리는 상상 이상이다

공군부대에서 생활하면 맞닥뜨리는 것 중 하나는 항공기 소리이다. 항공기가 이착륙할 때 발생하는 소음은 군 생활이 기존의 생활과 다른 점 중에서 가장 독보적인 것이다. 공군부대 근처에 살아본 적이 없다면 충격은 작지 않을 것이다. 항공기 소리는 상상 이상이다. 전투기 기종과 고도, 시간대에 따라 다르지만 보통 100dB이 넘어간다. 전투기 이륙 소리로 지상의 자동차 경보기가 작동할 정도이다. 생활관이 활주로 주변이라면 소리는 더 크게 느낄 수 있다. 청력을 보호하고 청력 관리에 주의를 기울여야 한다. 특히 교대 근무자(군사경찰 병과 등)는 야간근무 후 취침 시 방해되지 않게 신경 써야 한다.

❸ 행군 훈련이 없다

공군은 행군 훈련을 하지 않는다. 물론 공군 교육사에서 기초훈련을 받을 경우는 당연히 행군 훈련이 있다. 군인의 기본자세로 행군은 나름대로 가치가 있다. 하지만 자대 배치받으면 잘 하지 않는다. 행군훈련 대신 기지방호나 재난통제 등의 훈련을 받는데, 공군은 기지방어가 주 임무기 때문이다. 기지방어란 기지 내의 기능이 제대로 작동되도록 유지하는 데 목적이 있다. 즉, 기지의 기능과 목표, 전투기의 성공적인 이착륙(비행 부대), 지속적인 전장감시(레이더 부대)가 원활히 수행되게 하는 목적을 달성하면 된다. 육군처럼 이동할 필요가 없다. 공군 장병의 훈련은 기지를 방호하는 기지방호 훈련과 부대 내 장비, 시설, 인명피해가 발생하면 신속하게 복구, 치료하는 재난통제 훈련에 주안점이 맞춰져 있다.

4 비행기는 조종하지 않는다

공군은 비행기를 타는 것을 상상하는데 그것은 큰 착각이다. 대부분의 공군 장병은 비행기를 타지 못한다. 조종사만 항공기를 조종하는데 조종사는 신분상으로도 부사관이나 병사는 아닌 장교계급에서만 가능하고, 장교 중 조종특기라는 단일 병과에서만 가능하다.

이렇게 일부 인원만 조종에 선발되는 이유는 조종기술의 진입장벽이 높기 때문이다. 조종은 매우 전문적인 분야이다. 높은 신체조건, 그리고 많은 교육 시간이 걸리고 책임의 수준이 높다. 그러므로 복무기간이 짧은 병사나 부사관 계급은 제한된다. 장교계급에서도 선발된 인원만이 조종훈련을 받는다.

조종사를 제외한 나머지 공군은 여러 임무가 있지만 주로 비행 지원업무를 수행한다. 물론 방공포병과 같이 전투기와 대등하게 작전을 수행하는 병과도 있지만, 대부분은 직간접적으로 비행을 지원하는 업무를 한다. 일의 경중은 있으나 항공기가 안전하게 이착륙하고 고공에서 원활하게 임무를 수행하도록 관제 업무를 수행한다.

5 시설이 좋다

공군부대는 일반적으로 타군에 비해서 시설이 좋다. 생활관, 사무실 건물이나 부대 내 시설물이 깨끗하고 잘 갖춰져 있다. 물론 오래된 건물은 시설이 별로 좋지 않지만, 전체적으로 타군에 비해 좋은 시설을 갖는다.

그 외 부대시설도 양호한데, 비행 부대 안에서 자급자족하기에 충분한 시설을 갖는다. 가령 부대 안에 주요 은행이 있어 바깥에서 은행 업무를 볼 필요가 없다. 또 우체국과 큰 슈퍼마켓BX, base express이 있는데 육군의 PXpost express와 비슷하다. 그 외에도 배달시킬 수 있는 치킨집, 피자집이 있다. 또한 점차 새로운 시중의 주요 빵집, 커피 전문점이 부대 내에 들어오고 있다.

이는 공군부대가 크게 모여있기 때문이다. 각지에 산재해 있는 육군과 달리 공군은 주요 입지에 여러 부대가 모여있어 시설에 신경 쓸 여력이 있는 것이다. 육군은 여러 곳에 산재해 있어 많은 부대를 다 신경 쓰기에 힘들 수 있다. 일종의 '규모의 경제'라고 할 수 있겠다.

4. 한국에도
탑건이 있을까?

★ ★ ★ ★ ★

한국에도 탑건이 있을까?

탑건 매버릭_{TopGun Maverick}이 영화계에서 선풍적인 인기를 끌었다.
영화 주인공인 피트 미첼 대령(톰 크루즈)이 적 5세대 전투기[7]와의 교
전交戰을 망설일 때 후방석 조종사인 루스터(브래들리 브래드쇼)가 그
에게 용기를 준다. 적의 전투기가 더 좋은 성능의 전투기지만 결국
승리를 결정짓는 건 전투기를 조종하는 조종사라는 것이다. 중요한
것은 전투기가 아니라 파일럿이라는 말은 영화 전체를 관통하는 주
제로 결국 주인공은 불가능한 임무를 성공적으로 수행해낸다. 특히

---

7 Fifth-generation jet fighter, 고도의 스텔스능력(저피탐능력) 및 센서, 고급 항공전자장
   비, 높은 기동성 등을 특징으로 한다.

F-18[8]라는 4세대 전투기로 진보된 5세대 전투기를 근접 공중 전투를 수행하고 끝내 격추하는 모습은 매우 인상적이다.

탑건 매버릭은 36년 만에 속편이다. 전작인 〈탑건〉(1986년)에서 탑건 스쿨의 '조종 학생'을 보여줬다면 속편은 비행교관으로서 활약을 보여준다. 이 영화에서 주인공은 미 해군 전투기 조종사로 전투기 조종에 대한 강한 열정과 사랑을 보여준다. 그 안에서 손에 땀을 쥐는 현란한 전투기 기동Movement의 정수를 보여준다. 탑건 매버릭은 중년에게는 30년 전의 향수를, 청년에게는 일과 사랑에 대한 열정을, 영화 자체를 즐기는 사람에게는 현란한 박진감을 남긴다.

🔳 전투기 조종사인 매버릭은 왜 해군인가?

특이한 점은 주인공이 해군이라는 점이다. 정확히 말하면 미국 해군 소속 전투기 파일럿이다. 보통 전투기 파일럿이라면 공군을 떠올리기 쉽다. 하늘을 임무 영역으로 하는 군대는 공군이라고 생각하지만 그건 고정관념이다. 해군도 임무 목적상 필요하면 전투기를 보유한다. 이는 다른 무기도 마찬가지다. 특히 미 해군은 전 세계를 활동무대로 하는 군대로 전 세계에서 전쟁을 수행하려면 어디라도 신속하게 군대를 보내야 한다. 이것을 군대 용어로 '전력戰力을 투사投射한다'고 한다. 이 역할을 가능하게 하는 플랫폼이 바로 항모전단이다.

---

8 미 해병대 등 미 해군에서 운용중인 다목적 전투기로 별명은 '호넷', 개량형 F/A-18 E/F는 '슈퍼호넷'이다.

미 항모전단[9]은 미국 본토에서 멀리 떨어진 지역에서 전투를 수행하는데 원활한 전투 수행과 임무 목표를 달성하기 위해 다양한 자산을 활용한다. 여러 자산이란 지상전력, 해상전력, 항공전력을 말한다. 마치 우리나라가 육·해·공군 그리고 해병대를 통해 국가 안전을 보장하고 전쟁 시에는 승리를 추구하는 것처럼 항공 전단은 그들을 지키고 소기의 목적을 달성하기 위해 여러 지상·해상·공중전력을 활용한다. 그런 목적으로 해군도 항공력을 갖추고, 항공력의 끝단인 전투기를 보유하는 것이다.

② 전투기 조종사가 되려면?

하지만 한국에서 전투기 조종사가 되려면 공군으로 가는 게 맞다. 대한민국 군대에서 전투기를 보유한 군대는 공군뿐이다. 해군이나 육군, 해병대도 항공전력Air Power을 갖지만, 대부분 헬기와 같은 회전익 항공기이며, 고정익 항공기는 대잠전·대함전, 해상초계, 탐색구조, 병력 수송과 같은 임무에 국한되어 있다. 영화처럼 공대공Air-to-Air, 공대지Air-to-Ground 임무 등 화려한 기동과 높은 근접전투 능력에 특화된 항공기는 보유하지 않는다. 당연히 전투기 조종사가 되려면 공군의 조종특기로 입대해야 한다. 공군의 조종특기 장교로 입대해 정식 비행교육을 수료하고 전투비행단으로 배속받으면 된다.

---

9 해군 항공대의 작전을 지원하고 항공모함을 보호하기 위한 기동함대. 항공모함 1척과 3~4척 이상의 이지스 전투함, 2척 이상의 공격형 원자력 잠수함, 그리고 이들을 지원하는 군수지원함 등으로 구성된다. 휘하에 항모비행단(Carrier air wing)을 두고 있다(미국 기준).

❸ 한국에도 탑건이 있다

한국에도 탑건^{TopGun}이 있다. '탑건'은 한국 공군에서 공중사격대회 '우승자'를 의미한다. 매년 하반기에 공군작전사령부에서 공중사격대회를 주최한다. 공중사격대회는 공군에서 최고의 공중전투 기량을 갖춘 조종사와 부대를 선정하는 대회로 전투기 분야와 공중기동기[10] 분야로 나뉘어 진행한다. 대회 최고점수의 조종사는 '그해의 탑건'이라는 영예를 얻는다. 2022년 탑건은 제63회 공군작전사령부 공중사격대회 '공대공 요격', '공대지 폭격' 부문에 참가한 F-15K 전투 조종사 김유준 대위가 차지했다(출처 : 공군 인스타그램).

반면에 미 해군의 탑건은 교육기관 또는 프로그램의 성격이 강하다.[11] 탑건 프로그램에 참여한 미 해군 전투기 조종사들은 공중전투기술^{The Art of Aerial Combat}을 배우고, 실제 훈련을 통해 반복 숙달한다. 그리고 각 부대에 돌아가 배운 내용을 타 조종사에게 교육하고 실제 훈련에 적용한다. 이런 파급효과를 통해 전 조종사의 공대공 작전 능력이 향상되고 결국 해군의 전투력을 높이는 효과를 얻는다.

❹ 한국의 탑건 스쿨, 공군 제29전술개발훈련비행전대

대한민국 공군에도 탑건 스쿨에 해딩하는 조직이 있다. 바로 공군

---

10 C-130, CN-235, HH-32, HH-47, HH-60 등 수송기, 헬기 등을 의미

11 탑건의 공식 명칭은 SFTI 프로그램(Navy Strike Fighter Tactics Instructor program)이다. 1969년 샌디에이고 북쪽에 있는 미라마르(Miramar)에 설립되었다. 현재는 1996년에 설립된 Naval Strike Air and Warfare Center로 통합되어 운영된다.

제29전술개발훈련비행전대가 그곳이다. 부대 이름 자체로 공중전술을 개발하고, 조종사 교육과 훈련을 전문적으로 수행한다. 즉, 새로운 공중전술을 개발하고, 실전에 활용하도록 지속적인 훈련을 수행한다. 또한 부대를 거쳐 가는 조종사들이 최고의 기량을 가지도록 각종 교육훈련 프로그램을 운영한다. 공군 전투기 공중전술의 질을 전체적으로 끌어올리는 조직이라 할 수 있다.

특이한 점은 가상 적기^{Faker}부대를 운영한다는 점이다. 실전적인 훈련을 위해 실제의 적기 역할을 누군가가 담당한다. 마치 영화에서 매버릭이 조종 학생의 상대로 교전을 수행한 것처럼 말이다. 가상 적기부대가 그 역할을 전문적으로 수행하는데 그들은 적을 분석해 개연성 있는 훈련 시나리오를 작성한다. 적기의 무장과 기동, 전술을 분석하고 훈련 시에는 계획된 공중상황을 구현한다. 이를 통해 조종사는 실전과 같이 훈련을 경험할 수 있다. 이에 조종사는 실제 상황이 일어나도 당황하지 않고 훈련대로 임무를 수행할 수 있게 된다.

'인간' 조종사의 시대는 저물고 있나? But, NOT TODAY!

영화 〈탑건 매버릭〉에 나오는 이 대사가 인간 조종사의 종말을 의미하는 것일까? '실제로 인간 조종사의 시대는 저물고 있을까?', '인간이 조종하는 항공기는 사라지는 것일까?', '이제 인간 조종사는 필요 없어질까?' 우리는 주변에서 드론과 같은 무인비행체, 무인 자동차, 무인점포 등 점차 무인화되는 트렌드를 보고 있다. 무인기가 등장하고 성능이 인간을 추월하더라도 인간 조종사를 완전히 대체하기는 쉽지 않을 것이다. 오히려 효율적으로 지원하는 역할에 국한할 수도 있다. 무인기는 인간만이 갖는 인간성, 윤리성 그리고 정치적인 문제를 고민하지 않기 때문이다. 사실 전쟁에 참여해 군대에서 특정 지역을 파괴하고 인명피해를 주는 행위는 많은 고민을 통해 나오는 정치적인 의사결정이다. 앞으로 어떻게 변화할지는 알 수 없지만, 무인기의 단점을 최대한 억제하고 장점을 극대화하는 방향으로 갈 여지가 있다. 즉, 무인기가 갖는 비인간성을 줄이면서 인간 조종사의 능력을 높이는 방식으로 말이다. 그에 반해 AI 기반의 무인기는 그런 과정 없이 사전에 입력된 프로그램대로 움직인다. 세계는 이런 킬러 로봇[12]에 대해 두려움을 갖고 있으며, 이 순간에도 많은 논란거리가 양산되고 있다. 결국 미래에도 무인기는 인간의 통제 속에서, 인간 조종사의 능력을 극대화하는 방향으로 갈 가능성이 높다. 현재 우리 군이 추진하는 유무인 복합체계[13]가 그것이다. 유무인 복합체계는 인간 조종사가 수 대의 무인기를 통제하는 방식으로 조종사는 무인기의 도움으로 더 안전한 위치에서, 더 넓은 지역의 임무를 수행할 수 있을 것이다. 오히려 더 중요한 임무 수행이 가능할 수 있다. 이렇듯 가까운 미래에 조종사는 여전히 군의 주역으로 남을 것이다. 이 책을 읽는 여러분이 군의 주인공이 되는 시대까지는 말이다.

---

12 killer robot, 전장에서 적군살상 역할을 담당하는 인공지능(AI) 로봇으로, 감정 없이 기계적 판단의 프로그램대로 무기를 사용해 적군을 살상한다. 국제인권감시기구는 사람의 의지 없이 공격하는 무기라고 정의한다.

13 MUM-T(Manned-Unmanned Teaming), 유인무기와 무인무기를 유기적으로 연동·운용해 시너지 효과를 거두는 미래전의 핵심 시스템

5. 탑건이 되는 방법은?

"**전투기 조종사가 꿈인데 공군사관학교 입학 시기를 놓쳤습니다. 어떻게 해야 할까요?**"

이런 질문을 가끔 받는다. 공군의 전투기 조종사가 되고 싶은데 공사 입시에서 낙방했거나, 공군사관학교의 존재를 몰랐을 수도 있다. 공사에 간다고 해서 무조건 조종사가 되는 건 아니지만 공사에 들어가지 않은 건 큰 경로를 잃은 거나 다름없어 보일 것이다. 그렇지만 포기할 필요는 없다. 공군 조종사가 되는 길은 꼭 공군사관학교만 있는 게 아니다. 조종분야 가산복무지원금 지급대상자 제도라는 간단한 말로 조종장학생 제도가 있다. 이는 조종분야에 임하는 장교에게 추가되는 복무기간에 대한 지원금을 지급하는 제도로 조종분야 장교에게 의무복무기간(보통 3년)을 초과하는 기간에 대해 장학금을 준다. 즉 공군 조종사, 전투기, 수송기, 헬기 등 공군에서 사용되는 비행기를 조종할 수 있는 경로가 꼭 공군사관학교가 아닌 다른 경로를 통해서도 공군 조종사가 될 수 있다.

조종분야 가산복무지원금 지급대상자 제도

조종분야 가산복무지원금 지급대상자 제도(이하 조종장학생 제도)는 사관학교 외에서 조종사를 확보하는 제도이다. 사관학교가 아닌 일반 대학교 재학생 중 우수자로 공군 조종사를 선발한다. 선발 과정은 있지만, 대학생이라면 조종사가 될 기회에 도전할 수 있다. 매년 3월 지원할 수 있으며 국내 정규(주간) 대학 재학생을 대상으로 임관일 기준 만 20~27세가 되는 대한민국 남녀이다. 조건만 충족되면 지원할 수 있으니 사관학교에 합격하지 못했다고 아쉬워할 필요가 없다. 더 좋은 건 선발자에 대해 대학 장학금을 부여한다는 것이다. 일정 기간(2~4년) 동안 대학 등록금을 지원하니 선발되면 대학 등록금은 걱정하지 않아도 된다. 그리고 졸업과 동시에 조종사 훈련을 시작하고 공군사관학교 출신 장교와 동일한 조종훈련을 받는다. 요즘에 등록금과 취업 걱정 없이 조종교육을 수료하면 자동으로 장기복무 직업군인으로 전환되어 직업적 안정성을 확보할 수 있는 것이다.

조종장학생에 지원하기 위해서는 학군사관후보생ROTC 또는 학사사관후보생이어야 한다. 공군 학군사관 후보생이 있는 한서대 항공운항학과, 항공융합학부(항공조종 전공), 항공대 항공운항학과, 자유전공학부, 교통대 항공운항학과 재학생 중 1~2학년으로 현역이 아닌 사람이 지원할 수 있다. 선발되면 3학년 학군단에 편입된다.

학사사관후보생은 좀 더 범위가 넓다. 국내 4년 이상 정규대학 재학생(최종학기 재학생 제외) 중 현역군인이 아닌 사람이 지원할 수 있다. 선발되면 남은 기간 등록금을 지원받고 졸업 후 학사사관후보생으로 군사훈련(4개월)을 받고 조종훈련에 투입된다. 즉, 4학년 2학기에 해당하지 않는 4년제 대학 재학생이라면 지원을 고려할 수 있다. 그만큼 넓게 열려 있으니 관심 있으면 한번 알아보는 것을 추천한다.

눈이 나쁘면 전투기 조종사는 못 하나요?

공군 조종사에게 가장 궁금한 것은 신체검사일 것이다. 공군 조종사에 대해서 몸에 수술 자국이 없어야 하고, 시력은 매우 좋아야 한다는 여러 가지 괴담이 있다. 특히 시력은 대단히 좋아야 한다고 생각한다. 라식이나 라섹을 하면 안 되고 나안(맨눈)시력이 좋아야 한다고 생각하는데, 이것은 반은 맞고 반은 틀린 말이다.

공군 조종사는 좋은 신체조건을 가져야 한다. 공중이라는 가혹한 환경에서 정신을 잃지 않고 최적의 판단을 내려야 하기 때문이다. 그래서 정상적인 신체조건을 가져야 하는데, 땅에서 정상적이라 하더라도 공중에서 몸의 변화가 생길 수 있다. 그 상황에서 정상을 유지하고 외로이 임무를 수행해야 하니 공군 조종사의 신체검사는 엄격할 수밖에 없다. 위의 말은 과장이 없진 않다. 하지만 신체검사 기준이 점점 완화되고 있으니 상세하게 알아보자.

공군사관학교 2차 시험 참여자를 대상으로 한 공중근무자 신체검사 기준으로 주요 불합격 사유가 있다. 이에 해당하면 조종사 신체검사에서 불합격이다. 여기서 일반인의 눈에 들어오는 단어는 시력, 망막, 각막 등이다. 그리고 낯선 단어로 굴절이라는 게 있다. 우선 시력을 보면 나안시력이 0.5 미만, 교정시력이 1.0 미만으로 되어 있다. 즉 나안시력이 0.5 이상, 교정시력이 1.0 이상이면 시력은 합격이다. 굴절은 흔히 말하는 원시, 난시, 근시 등을 의미한다. 일반인도 어느 정도의 굴절을 가지는 경우가 많다. 그밖에도 망막, 각막 등 건강 상태를 확인하고 문제 있으면 안과 검진에서 합격하기 힘들다. 다행인 것은 기준이 시간이 갈수록 완화되고 있다는 사실이다. 시력만 보더라도 몇십 년 전만 해도 조종사는 나안시력 1.0 이상의 시력이 필요했다. 점점 그 수치가 낮아지며 0.5라는 수치까지 내려왔다. 교정도 라식이나 라섹 수술을 받으면 조종사 안과 기준을 통과할 수 없었다. 하지만 현재는 교정시력도 일부 허용된다. 그만큼 조종사가 되는 문이 점점 넓어지고 있으며, 앞으로도 더 넓어지리라 확신한다.

이것이 가능한 이유는 기술의 발달이다. 항공 기술의 발달로 기존의 육안 탐색보다 첨단장비를 통해 비행 정보를 파악하는 경우가 많아졌기 때문이다. 조종사의 눈에 의지하는 부분이 많이 줄고 있다. 조종사의 주 임무인 적기와의 교전 시 전에는 조종사의 눈에 의지하는 경우가 많았지만, 현재는 최첨단 장비의 도움으로 교전을 수행한다. 이에 조종사의 시력보다 오히려 상황판단 능력이 더 중요해졌다. 장비의 진보로 수많은 전장 상황 정보가 쏟아진다. 수많은 정보를 종합해 최적의 상황을 판단하는 종합적인 판단 능력이 더 중요하도록 전투 양상이 바뀌고 있다.

이렇게 조종사가 되는데 안과 분야는 매우 중요하지만, 중요성은 상대적으로 점점 작아지고 있다. 그래서 눈이 나쁘다고 포기하지 않아도 된다는 사실을 알려주고 싶다. 미래에는 또 어떻게 변할지 모르니 조종사의 꿈을 꾸고 있다면 포기하지 말고 자신의 신체를 점검해보자. 이것은 조종사가 된 이후에도 지속해서 관리해야 한다. 그렇지 않으면 지속하지 못할 수도 있다. 시중에는 조종사 신체검사를 전문으로 하는 병원이 있다. 더 궁금한 점은 공군 해당 병원에 문의하자.

항공우주의료원 특수검진과, 043-290-5572~3

PART
4

대한민국 군인은
역시 육군이지!

육군 사례

경기도에 있는 육군 00 기계화보병사단 00대대 00호 생활관, 분대장 박 상병과 부대에 갓 전입한 정 이병이 K-2 소총[1]을 손질하고 있다. 다음 주 혹한기 훈련이 있어 각종 병기 및 물자를 정비하라는 대대장의 지시가 있었다. 박 상병은 숙련된 솜씨로 총기를 닦고 있지만 정 이병은 아직은 서투른 모습이다. 정 이병은 갓 전입한 신병이라 혹한기 훈련에 대해 궁금한 게 많았다.

정 이병 　분대장님, 올해 혹한기 훈련은 1월 7일부터 4박 5일간 진행될 예정이라고 들었습니다.

박 상병 　그렇지, 그래서 지금 장비 점검을 하지 않나?

정 이병 　혹한기 훈련이 굉장히 힘들다고 들었습니다. 1월 초면 상당히 추울텐데 걱정됩니다. 뉴스에선 그때가 올겨울 가장 추운 날씨라는데요.

박 상병 　혹한기 훈련은 혹한의 추위에서 아군의 생존능력 및 전투능력 향상을 위한 훈련이야. 즉 추운 걸 참는 게 목적이지!

정 이병 　이번엔 어디로 가는 거죠? 부대 밖에서 숙영해야 합니까? 작년에는 영내에서 숙영했다고 제 사수가 그러던데요.

박 상병 　그건 특이한 경우고, 대부분 밖으로 돌지. 계속 행군하며 새로운 장소에 숙영하지. 잠자리는 매일매일 바뀔 거야.

1 　대한민국 국군의 제식 돌격소총. 대한민국의 국방과학연구소에서 개발하고 SNT모티브(구 대우정밀)에서 생산하고 있다. 15개국 정도에 수출되었다.

중간에 경계작전도 수행하는데 특히 우리 부대는 더 그래!

정 이병 우리 부대는 더 그렇다는 게 어떤 의미인가요?

박 상병 우리 부대의 주 임무가 OO이기 때문이야. 알다시피 부대
는 각자의 임무가 있어. 우리 부대는 전쟁이 일어나면 북
진(북쪽으로 전진)해야 하니까 그 과정에서 계속 행군하고
야외 숙영하고 경계작전하는 군사작전을 수행하는 거지.

정 이병 이번 훈련은 실제상황에 대비해 미리 연습하는 거군요?

박 상병 훈련해야 실제상황에서 잘할 수 있겠지? 특히 우리는 활동
영역이 다양하잖아? 강, 산, 들, 아스팔트 등 온갖 환경을
접해야 하니 거기서 먹고 자고 낯선 사람을 만나는 특별한
경험을 하는 거지. 이게 육군이 타군과 다른 점이야.

정 이병 아, 그렇군요.

박 상병 그래서 이런 훈련이 매우 중요해. 숙영과 훈련을 다양한
장소에서 하고 그렇지 않으면 정작 중요한 시기에 적응하
는데 애먹어. 그만큼 부대가 전투에서 유리한 위치에 서기
힘들게 되고 전투의 승패에도 영향을 미치게 되지!

정 이병 그렇군요. 이런 훈련이 다 이유가 있군요.

박 상병 이해했으니 다행이다. 동기부여가 되었다면 충분해. 혹시
민감한 게 있나? 가령 잠자리를 가리거나, 볼일 볼 때 새로
운 장소는 불편하다든가? 단체생활 중 사람들과 갈등이 생
긴 적은 없었어?

정 이병 그런 적은 없었습니다. 학교에서 동아리 부회장이어서 웬
만한 환경은 겪은 것 같아요. 친구관계는 좋은 편입니다.

박 상병 다행이다. 그럼 기초체력 단련만 하면 되겠네. 훈련 중 많이 걸을 거야. 필요에 따라서 뛸 수도 있어. 안전상 조심해야 하는 순간도 있을 거야. 다치지 않고 훈련을 무사히 마치기 위해서는 기초체력이 꼭 필요해. 그리고 독자 행동은 하지 말아야 해. 소대, 중대 단위로 구성된 건 이유가 있는 거야. 육군은 개개인으로 분열되면 소기의 성과를 거두기 힘들어. 즉, 뭉쳐야 큰 힘을 발휘할 수 있어.

정 이병 네! 남은 기간 뜀걸음 연습 더 하겠습니다. 독자행동은 걱정하지 마십시오!

박 상병 그래. 첫 훈련이니까 너무 긴장하지 말고, 모르는 건 선임한테 꼭 물어봐! 깔창, 무릎보호대, 손난로는 꼭 챙기고 말이야!

정 이병 네, 신경 써 주셔서 감사합니다. 충성!

육군은 땅을 기반으로 이동하는 군대다. 땅이 활동 영역이기 때문에 수많은 환경에 노출된다. 강, 들, 산, 등 지형적인 다양성과 계절과 기후의 영향 등 시간·공간적인 환경의 영향을 많이 받는다. 또한 인적 환경 즉, 적Enemy과 적이 아닌 '사람'들을 직접 만난다. 이런 특성으로 인해 환경에 적응하는 능력이 요구된다. 이를 위해 건강한 체력과 정신력은 기본이다.

조직과 단체생활에 대한 적응성도 높아야 한다. 소화기Small arms를 가진 개인보다 소대, 중대, 대대 단위로 뭉친 조직이 임무 수행의 최소 단위이기 때문이다. 조직원 간의 단합이 임무 수행 중 시너지 효과를 일으킨다. 그 결과는 작전적인 성과로 이어질 수 있다.

1. 전통적인 군인, 육군

군종	심벌마크	창군일	구호
대한민국 육군	대한민국 육군 Republic of Korea Army	1946년 1월 15일 남조선 국방경비대 창설	The 강한 좋은 육군

내가 가장 먼저 적진을 밟고, 가장 마지막에 적진에서 발을 뗄 것이며, 단 한 명
도 내 뒤에 남겨두지 않겠다.

- 영화 〈위워 솔져스, We Were Soldiers〉 중에서

육군은 가장 대표적인 군종^{Military branch}이다. 우리가 흔히 군인, 군대라고 하면 육군을 떠올릴 정도로 친숙하다. 군대 생활이라고 하면 주황색 체육복을 입고 생활관에서 쉬는 모습, 뚱뚱한 배낭을 멘 군인들이 총 들고 온몸이 진흙투성이가 되어 악을 지르며 훈련하는 모습을 상상한다. 대중매체에 나오는 이런 모습은 대부분 육군이다. 육군은 실제 대한민국 군대 중 가장 많은 병력을 차지하며, 군 입대자의 대부분이 육군에 입대한다. 일반인이 시내나 기차역, 버스터미널에서 마주치는 군인 대부분이 육군이니 가장 친근하고 익숙하며 우리가 떠올리는 군인의 대표적인 모습이다.

육군은 유사 이래 가장 오래된 군대이며 한자 그대로 활동 영역이 '땅'이다. 땅에서 일어나는 전투를 주로 수행하니 땅에서 활동하는 병력 등이 필요하다. 사람과 그들이 탑승하는 탱크, 전차 등 지상에서 이동하는 무기 그리고 그것들이 잘 활동하도록 지원하는 부대(ex. 항공부대)로 구성된다.

🗊 이동하는 군대

육군은 이동하는 군대이다. 적과의 전투를 땅따먹기라 표현해도 될까? 전진, 후퇴, 참호 등. 옆의 전우가 사망하면 분노하는 주인공이 나오는 영화처럼 일반적으로 전투에서 이기면 전진하고 전진하는 만큼 영토가 넓어진다. 반대로 지면 후퇴한다. 진다는 건 인적, 물질적, 심리적 피해를 감수할 수 없을 정도로 받은 것을 의미하며 더 이상의 피해를 방지하기 위해 현 위치를 벗어나는 후퇴를 하게 된다. 작전상 이유로도 이동할 수 있다. 임무가 바뀌거나 더 중요한 목적을 위해 현 전장을 벗어나기도 하는데, 작전상 후퇴도 이에 해당된다. 결국 육군은 꾸준히 이동할 수밖에 없다.

② 전쟁의 승리를 확정 짓는다

대한민국의 육군은 영토 수복의 주체이다. 영토의 확장은 군이 점령하고 지속해서 사람이 거주함으로써 가능해진다. 영토를 점령하는 역할은 주로 육군이 수행하며 점령한 지역을 효과적으로 안정시키는 역할을 수행한다.

✚ 나의 육군

출처 : 육군 간부모집 홈페이지

육군 장병이 어린 여자아이의 손을 잡고 있다. 파병지에서 작은 외교관으로서의 육군의 역할을 잘 보여주는 그림이다.

육군(陸軍, 영어: Army, 독일어: Heer)은 지상 전투를 주 임무로 하는 군대
다. 기원은 정확히 알 수 없으며, 오랜 역사를 거치는 동안 시대와 지
역에 따라 많은 변천을 거쳤다. 현대 육군 조직은 대부분 18세기 중
엽 이후 형성된 유럽식 군제가 보편화되어 있다.

지상 전투를 주 임무로 하지만, 많은 나라의 육군은 제한적 임무를
수행하는 육군 항공대를 별도로 운용하며, 주로 헬리콥터로 편성된
다. 물론 이스라엘처럼 모든 항공기를 공군에 집중시켜 운용하기도
하나, 각 나라의 고유한 전술 교리 및 역사적 경험에 기인한 것이다.

육군, 해군, 공군 간에 상관관계는 나라마다 조금씩 다르다. 각 나라
가 처한 전략 상황에 따라, 육군이 특별히 강한 발언권을 가지기도
하고, 대체로 균형을 이루기도 하며, 상대적으로 발언권이 약한 경우
도 있다. 남북 대치 상황 때문에 대한민국 육군이 가장 강력한 발언
권을 가지지만, 섬나라인 일본과 영국은 육군보다 해군에 치중하는
경향이 있다.

육군의 공세적 임무는 적의 지상군을 격파하고 영토를 점령하는 것
이다. 이와 반대인 수세적 임무는 자국 영토를 침공한 적 지상군을
격퇴하여 영토를 보존하는 것이다. 공군 및 해군도 이와 동일한 임무
를 수행하고, 협력하지만 최종적으로 승리를 확정 짓는 것은 육군의
임무이다. 1991년의 걸프 전쟁에서는 공군과 미국 해군 항공대의 폭
격으로 전쟁을 쉽게 이끌었으나, 1999년 코소보 독립 분쟁 당시 북
대서양 조약기구와 미국은 공습으로 당시 유고슬라비아 연방 공화국
을 굴복시키려 하였으나, 지상군 투입을 머뭇거리는 사이에 결국 러
시아 등과 외교 협상으로 문제를 해결했다. 2001년 아프가니스탄 전
쟁 및 2003년 이라크 전쟁에서 다시 지상군이 전면에 투입되었다.

육군은 영토를 점령하고 평화와 질서를 유지하는데 즉, 점령지가 물리적·심리적으로 안정되도록 한다. 일종의 점령지 치안을 유지해 국민의 생명과 재산을 실질적으로 지키는 역할을 한다. 전쟁이 나거나 유사 상황 발생 시 어느 군보다도 눈앞에서 고마움을 느끼는 군이 바로 육군이다.

2. 육군이 되는 방법은?

① 병사(용사)

일반적으로 육군에 입대하는 경우 대부분은 소총수로 분류되어 보편적인 군 생활을 하게 되거나 지원하는 경우가 있다.

기술행정병

자격, 면허 소지, 전공 또는 경력이 필요하거나 선발의 전문성이 요구되어 별도의 지원 자격과 선발기준을 정해 모집하는 군사특기 중 한 분야로 현역병(육군)에 지원한 사람을 말한다. 일반병으로 입대하기보다 자신이 전공한 분야 및 원하는 분야에 지원할 수 있고 정비, 운전, 포병, 전차병 등 다양하다.

취업맞춤 특기병

고졸 이하 병역의무자가 입영하기 전에 본인의 적성에 맞는 기술 훈련을 받고 이와 연계된 분야의 기술병으로 입영해 복무함으로써 취업 등 안정적으로 사회 진출할 수 있는 현역병 모집 분야다.

전문 특기병

전문특기병의 종류

종류	군사특기번호	종류	군사특기번호
지식재산관리병	311334	천주교군종병	471278
특공병	000333	불교군종병	471279
훈련소조교병	111292	군악병[양악]	342,101
유해발굴감식병	411294	군악병[국악]	342105
속기병	311268	군악병[실용음악]	342106
의장병	111284	회계원가비용분석병	331267
유해발굴기록병	111275	화생방시험병	211239
특전병	112100	생물학시험병	211298
탐지분석병	152296	방사능분석연구보조병	211295
특임군사경찰	321102	정보보호병	175104
MC군사경찰	321103	지형자료관리병	161248
33경호병	321273	신호정보/전자전운용	152101
S/W개발병	175105	영상콘텐츠디자이너	341335
사진콘텐츠디자이너	341337	기동헬기운용병	182339
대형버스운전병	241340	구급차량운전병	241341
군사과학기술병	900101	과학수사병	321254
JSA경비병	111000	그래픽디자이너	341336
드론운용및정비병	156101	그래픽디자이너	341336

육군에서 필요한 소요 인원 중 특수한 자격, 면허, 전공 또는 경력이 필요하거나 선발의 전문성이 요구되어 별도의 지원 자격이나 선발기준에 의해 선발 및 보충되는 모집병이다.

카투사[2]

카투사^{KATUSA}는 미 8군에 증강된 한국군 육군 요원(한국군지원단 소속)으로 한미 연합 관련 임무를 수행하는 보직이다. 지원 자격은 영어·어학 종류별 요구되는 점수 이상 취득자만 지원할 수 있으며 병무청에서 전산에 의한 무작위 공개선발로 진행된다.

어학 종류별 지원 자격

TOEIC	TEPS	TOEFL		G-TELP LEVEL 2	FLEX	OPIc	TOEIC Speaking	TEPS Speaking
		IBT	PBT					
780점 이상	380점 이상	83점 이상	561점 이상	73점 이상	690점 이상	IM2 이상	140점 이상	671점 이상

어학병

지원 자격은 영어 어학 종류별 요구되는 점수 이상의 취득자만 지원할 수 있으며 어학평가를 통해 고득점자순으로 최종 선발한다. 육군 소요 부대(대대급 이상)에 전시 혹은 평시에 어학 능력이 요구되는 직위에 보직되어 필요시 활용한다. 해당 언어는 영어, 중국어, 일본어, 러시아어, 아랍어, 프랑스어, 독일어, 스페인어다.

---

2 Korean Augmentation to the United States Army

동반입대병(동반입대 복무제도)

가까운 친구(학교, 고향, 직장 등)나 친척(형제) 등과 함께 입영하여 함께 훈련받고 같은 내무 생활권 단위 부대로 배치되어 전역까지 서로 의지하며 군 복무가 가능한 제도이다. 이 제도는 든든한 동반자와 함께 군 생활을 함으로써 조기적응, 복무 의욕을 고취해 전투력 향상에 이바지하도록 병무청과 육군에서 2003년부터 시행하고 있다.

직계가족 복무부대병(직계가족 복무부대병 제도)

직계존속, 형제자매, 외조부모가 복무하거나 복무 중인 부대(아래 1, 3군 예하 34개 부대만 해당)에서 군 복무를 원할 때 지원하는 제도이다. 입영일 기준 가족이 현역 간부(부사관 이상)라면 현재 복무하는 부대에 지원할 수 없으며, 이전에 복무한 부대만 지원할 수 있다.

연고지 복무병(연고지 복무병 복무제도)

연고지 시·군별 입영부대와 복무부대에 해당하는 거주자만 군 복무를 원할 때 지원하는 제도이다. 연고지 복무병은 연고지 인근 부대로 배치되므로 심리적 안정감을 주어 군 생활의 조기 적응이 가능하고 주변 환경에 익숙해 전투력 발휘에 용이하다.

❷ 부사관

육군의 부사관은 고등학교 졸업 이상 학력 소지자가 임관할 수 있으며, 지원 방법은 다음과 같다.

부사관 지원 자격

구분		자격	의무 복무
민간부사관	남	고등학교 졸업 이상, 동등한 학력 인정자	4년
	여		4년
임관 시 장기복무 부사관			장기
특전 부사관			4년
현역 부사관			4년
임기제 부사관			6~48개월
군 가산복무지원금 지급대상자		· 2년제 대학 2년 졸업(예정) · 2·3학년 재학생	5~6년 (장학수혜기간 1~2년 포함)
예비역의 현역 재임용		예비역 중사 또는 전역 예정자	3년
학군 부사관(RNTC)		학군단 설치대학 1~3년	4년

임관 시 장기복무 부사관

학력은 고등학교 졸업 이상의 학력 소지자(임관일 기준 졸업 가능자), 중졸은 「국가기술자격법」에 따른 자격증 취득자가 지원할 수 있고, 임관일 기준 만 18세부터 만 27세 이하인 사람이 가능하며, 특기별 자격 기준을 달리 적용한다.

특전 부사관

장기복무 부사관과 같이 고등학교 졸업 이상의 학력이 원칙이며, 임관일 기준 만 18세부터 만 27세 이하인 사람이 지원할 수 있다.

현역 부사관

고등학교 졸업 이상의 학력 소지자 중 임관일 기준 만18~27세의 현역병으로 입교일 기준 입대 5개월 이상 복무 중인 자가 임관할 수 있다. 일병 이상, 병장은 전역 일자가 부사관학교 입교일 이후이어야 지원할 수 있다.

임기제 부사관

일반병으로 의무 복무기간을 채운 지원자가 하사로 보수를 받으며 복무기간을 연장하는 제도이다. 하사로 임관되어 일정 수준의 보수를 받으며 군에서 연장 복무하게 된다.

군 가산복무지원금 지급대상자

2년제 대학 이상 재학 중인 2학년(3년제는 3학년), 4년제는 4학년, 대학원생은 2학년(3학기)이면 지원할 수 있다.

군 가산복무지원금 지급대상자(전투)

육군과 협약한 4개 대학 '전투부사관과' 1학년과 전문대 이상 2년제의 1학년(3년제 2학년, 4년제 3학년) 재학생이 지원할 수 있다.

예비역의 현역 재임용

평시 예비역의 현역 재임용은 연 2회(전·후반기) 선발하며 지원 자격은 최근 3년 이내 전역한 예비역 또는 임용 이전 전역 예정인 현역 부사관이 가능하다.

학군 부사관(RNTC)

부사관학군단이 설치된 3개 대학(경북전문대, 대전과학기술대, 전남과학대)에 입학한 신입생을 대상으로 임관일 기준으로 만 18~27세 이하인 학생이다.

3 장교(준사관 포함)

육군 장교는 4년제 대학을 졸업하고 학사학위가 있어야 임관할 수 있으며 지원 방법은 다음과 같다.

장교 지원 자격

구분	자격	의무 복무
육사 생도	고졸	10년
3사 생도	· 4년제 대학 2년 수료 이상	6년
간부사관	· 2년제 대졸	3년
학군사관	대학 2년 수료	2년 4개월
학사사관	· 4년제 대졸(학사) 이상	3년
전문사관	· 전문 분야: 대학원, 특수자격	3년
군 가산복무지원금 지급대상자	· 수업연한 4년 이상 1~4학년	· 학군 : 6년 4개월 · 학사 : 7년
예비역의 현역 재임용	· 예비역 중·대위 또는 전역 예정자	3년
준사관	고졸	5년

육사생도

고등학교 3학년 때 별도 입시 시험을 거쳐 선발되며, 사관학교에 입교해 4년간 교육훈련을 받고 졸업과 동시에 육군소위로 임관한다.

3사생도

4년제 대학교 2년 이상 수료(예정)자 및 2, 3년제 졸업(예정)자를 대상으로 선발하여 사관학교에서 2년간 교육을 받고 졸업과 동시에 육군 소위로 임관한다.

학군사관(ROTC)

학군단이 설치된 4년제 대학에 재학 중인 학생을 선발해 2년간 군사교육하고 졸업과 동시에 장교로 임관한다.

학사사관

지원 자격은 4년제 대학 졸업 또는 졸업예정자이며 임관일 기준 만 20세 이상, 27세 이하인 자, 군필자는 「제대군인 지원에 관한 법률 시행령 제19조」에 의거 응시 연령(1~3세) 합산 적용한다.

학사예비장교 후보생

지원 대상은 국내 4년제 대학 1~3학년이며, 학사사관이 대학 4학년 및 대학교 졸업자(학사학위 취득자)를 대상으로 선발하는 데 반해 학사 예비장교는 4년제 대학 1~3학년 때 선발해 졸업 후 학사장교로 임관한다.

군 가산복무지원금 지급대상자

모집 일정은 매년 3~4월 중 공고하며, 6월에서 11월까지 1, 2차 평가가 이루어지고, 11~12월 중에 최종합격자를 발표한다. 지원 자격은 수업연한이 4년인 국내 대학에 재학 중인 1~4학년을 대상으로 하며, 수학 기간이 연장된 학과와 복수 지원 등의 사유로 5년에 졸업하는 인원은 2~4학년이 해당한다.

전문사관

전·후반기 구분해 연 2회 선발하며, 지원 자격은 전 과정 공통으로 학사학위(예정자 포함) 이상 학력과 임관일 기준 만 20~27세까지이다. 단 5급 공채, 외국 변호사 자격 소지자, 공인회계사협회 등록증 소지자, 박사학위 보유자, 변리자 자격 취득 후 1년 이상 실무수습자, 의사면허 취득자는 만 29세, 군·치의, 수의사 중 전문의 과정을 마친 인원은 만 35세까지 지원할 수 있다.

간부사관

매년 7월 중 공고하며, 9월에서 12월까지 1, 2차 평가, 12월에 최종합격자를 발표한다. 지원 자격은 전문대 이상 학력을 보유한 육군 현역 병·부사관, 전역 후 2년 이내인 예비역이다.

예비역의 현역 재임용

평시 예비역의 현역 재임용은 연 2회(전·후반기) 선발하며 지원 자격은 최근 3년 이내 전역한 예비역 중위, 대위로 재임용 후 3년 이상

복무할 수 있는 자이다.

준사관

기술행정 준사관 선발은 연 2회(전년도 12월, 6월), 회전익 항공기 조종 준사관은 연 1회(전년도 12월) 공문 및 공고문으로 게시된다. 기술행정 준사관의 지원 자격은 원사 또는 상사 2년 이상인 자로 나이는 임관일 기준 만 50세 이하이면 지원할 수 있다. 회전익 항공기 조종 준사관 지원 자격은 임관일 기준 만 20세 이상 50세 이하 인원으로 고등학교 이상의 학교를 졸업한 자 또는 이같은 수준 이상의 학력자이다.

3. 육군의 특징

1 다양한 육군

육군 생활은 '다양하다'라고 표현할 수 있다. '다양하다'라는 의미는 여러 측면에서 그러한데, 육군은 매우 다양한 조건에 있다.

첫 번째는 우선 사람이 다양하다.

수많은 인원으로 구성되는데, 대한민국 국군 50만 중 약 40만을 차지한다. 해·공군에 비해 몇 배가 되는 규모이다. 그만큼 수많은 유형의 사람이 있다.

두 번째는 다양한 환경이다.

군대 용어로 전장Battle Filed의 다양성이라고 하는데 주 활동 구역은 평지, 산악, 늪지, 강, 해안, 인위적인 장애물 등이다. 해군이 주로 바다에서, 공군이 주로 하늘에서 임무를 수행하는 것에 비해 다양한 환경에 처한다.

세 번째는 다양한 병과(특기)이다.

육군은 23개의 기본병과 내에 수십 가지의 세부 특기가 있다. 수많은 인원이 수많은 세부 병과를 선택한다. 그만큼 하나의 조직에 다양한 분야의 업무가 있다는 것을 의미한다.

이런 다양성을 가진 육군에서 생활을 잘하기 위해 적응 능력을 높이고 노력하는 수밖에 없다. 지금껏 겪어보지 못한 환경, 다양한 사람, 다양한 병과에 적응해야 하며, 훈련 중에도 수많은 자연환경과 장애물에 부딪힌다. 낯선 환경과 낯선 사람, 낯선 병과로 인해 분명 새로운 경험을 하게 될 것이다. 상대적인 차이만 있을 뿐, 어려움은 피할 수 없다. 이런 조건은 도망치지 않는 이상 적응해야 한다. 이를 극복하기 위한 노력이 필요하다.

사람 중심

육군의 특징은 '사람 중심'이라는 것이다. 이것은 사람이 육군 전투력의 주 전력이라는 의미이기도 하다. 육군은 타 군과 다르게 사람에 기대는 측면이 크다. 훈련을 잘 받은 일병의 사격 솜씨가 지상 전투의 승패를 좌우한다고 해도 과언이 아니다. 물론 군의 현대화로 각종 첨단장비를 도입해 인력을 장비가 대체하는 추세이지만 아직은 잘 훈련된 인력에 기대하는 바가 크다.

체력과 정신력

육군의 구성원으로 제 역할을 하기 위해서는 우선 강인한 체력과 정신력이 필요하다. 상투적인 말이지만 더 정확한 표현은 없다. 강인한 체력을 더 세부적으로 말하면 잘 걷고, 잘 뛰어야 한다. 수없이 이동하는 생활에서 잘 걷고 잘 뛰는 체력은 조직에 잘 적응하는 능력이 된다. 일사불란하게 움직여야 한다. 흔한 말로 '빠릿빠릿'해야 한다는 거다. 상황의 변화에 맞춰 신체적인 면에서 더 민감하게 파악하고 빠르게 움직이는 능력이 요구된다. 정신적인 면도 필요하다. 항상 좋은 곳에서 숙식하는 게 아니기 때문에 불편하고 극한 상황에 처할 가능성이 크다. 육군은 이동하는 군대이니 이동 간에 좋은 조건만 있을 수는 없다. 대부분 불편하고 거친 환경에 있는 경우가 많은데 산속이나 더운 여름, 추운 겨울에 이동하면 더욱 그러하다. 수세식 화장실이나 생활관의 에어컨을 갖고 다닐 수는 없다. 이런 상황에서 임무를 수행하는 정신력이 필요하다.

② 리더십과 충성심

모든 조직에는 리더십과 충성심이 있지만, 육군은 어느 군보다도 더 리더십과 충성심을 필요로 한다. 첫째, 가장 많은 수의 사람(병력)으로 구성되어 있고, 임무 수행이 사람 중심이기 때문이다. 보통 사람이 많을수록 갈등이 많아지기에 그들의 갈등을 해소하고 특정 임무를 달성해야 하는 조직의 리더는 높은 리더십이 필요하다. 사람이 많을수록 일이 더 신속하게 진행된다고 생각하기 쉽지만, 현실은 사람 수에 비례하지 않는다. 그들을 하나로 뭉치게 해야 최고의 효과가 나온다. 그 역할이 리더의 역할이고 리더를 따르는 게 팔로워이며 여기에는 충성심이 필요하다. 리더는 간부만을 의미하지 않고 자기 후임이 한 명이라도 있으면 리더라고 할 수 있다. 동시에 선임, 간부도 팔로워가 된다. 이처럼 육군은 수많은 사람이 있는 만큼 그들을 이끌수 있는 높은 리더십과 그 리더십을 따를 수 있는 높은 충성심이 필요하다.

전 세계 바다를 누비는
우리는 해군!

해군 사례

해군 서해 00항에 정박한 00함. 갑판 위에 손 일병과 장 일병이 있다. 입대 동기인 그들은 약 5개월 전에 00함에 배치되었다. 그들은 수병과 함께 노천갑판의 녹슨 부위의 청락 작업에 정신이 없다. 청락 작업은 녹슨 부위를 제거하는 작업으로 청락 망치로 내려쳐 표면에 칠해진 페인트를 제거하고 그라인더와 사포를 이용해 청락을 완료한 후 방청페인트(프라이머)를 덧발라 마무리하는 순으로 이루어진다. 녹 제거작업이 어느 정도 마무리가 되자 손 일병은 장 일병에게 말을 건다.

> **손 일병** 출항 준비 끝!! 아 개운하다. 장 일병! 우리가 여기 온 지 얼마나 됐지?
>
> **장 일병** 음…, 작년 10월 말에 입대하고 작년 말에 승선했으니 5개월 정도 된 거지?
>
> **손 일병** 그래? 벌써 이 함정에서 먹고 잔 지 반년이 다 되어 가네. 장 일병, 어떻게 할 거야?
>
> **장 일병** 응? 뭘 어떡해?
>
> **손 일병** 내 말은 이번에 앵커 박을 거야?[1]
>
> **장 일병** 그래! 넌 장기복무할 생각 있지 않아?
>
> **손 일병** 응! 우선 임기제 부사관 지원하려고 해! 시기되면

---

1 함정계속근무서약서를 작성하는 것을 말한다. 해군 수병은 한 부대에서 6개월 이상 근무하면 한 번 이상 근무지를 함정이나 도서 지역(섬), 격오지, 해병부대 근무자에게 편한 근무지로 이동할 기회를 준다.

연장복무나 장기복무 신청하고, 아니면 해경에 경력직으로 지원하려고 생각해.

장 일병 그래! 해경은 함정 2년 이상이면 지원 가능한가?

손 일병 응! 함정근무는 계급 상관없이 2년만 채우면 경력직으로 지원할 수 있어!

장 일병 그래! 열심히 하면 여러 길이 열려있구나. 넌 어디로 가든 잘할 거야. 난 육상부대로 전출지원서 쓰려고 해. 물론 적응은 다시 해야겠지만, 군대에서 축구하는 모습을 꿈꾼 내게 함정은 작아! 남은 군생활은 넓은 땅 밟고 운동도 마음껏 하고 싶어.

손 일병 그건 맞다. 너 훈련소 때 축구 잘했잖아! 함정공간이 좁아서 불편한 건 나도 인정이야. 3층 침대 중간 천장에 머리 부딪힌 게 몇 번인지……. 적응하는 데 시간이 꽤 걸렸지. 사람도 좁은 공간 때문인지 예민해지는 것 같아.

장 일병 그래! 함정은 상호 배려심이 필요해. 그런 만큼 더 친밀해질 가능성도 높긴 해. 저녁 먹으러 가자!

해군 수병은 군 생활 중 한 번 이상 근무지 이동의 기회가 있다. 함정이나 도서 지역(섬), 격오지 등 해병부대에서 6개월 이상 근무한 수병은 편한 근무지로 이동할 기회를 얻는다. 대부분의 해군 수병은 그 시기에 함정에 남을지 아니면 육상부대로 전출할지를 결정한다. 이는 상대적으로 힘든 함정생활을 고려해 근무지 환경에 따른 격차를 완화해 복무의 형평성을 최대한 보장하기 위한 제도이다. 이 제도에 따라 수병은 남은 군 생활을 함정이나 육상부대에서 보낼 수 있다.

하지만 육상부대가 일방적으로 좋은 선택은 아니다. 비교적 편한 2차 발령지로 가는 인원은 근무 여건이 좋은 대신에, 새로운 부대에 적응해야 하며 후임이 늦게 들어오거나 선임자가 자신보다 늦게 들어와 내무생활이 좀 곤란해질 수 있다. 반면에 육상부대로 전출하지 않고 함정에 남은 수병은 선임이 빨리 없어지니 해군 및 타군에 비해 내무생활이 편한 장점을 누릴 수 있다.

1. 우리는 한 배를 탔다

 ★ ＊ ★ ＊ ★

군종	심벌마크	창군일	구호
대한민국 해군	대한민국해군 REPUBLIC OF KOREA NAVY	1945년 11월 11일	바다로 세계로

바다를 지배하는 자가 무역을 지배하고, 세계의 무역을 지배하는 자가

세계의 부를 지배하며, 마침내 세계 그 자체를 지배한다.

월터 롤리 [영국의 군인이자 탐험가]

① 떠다니는 군대, 해군

해군^{海軍}은 이름대로 바다의 군대이다. 해군은 육·공군과 별개의 해상(또는 수중)이라는 새로운 영역에서 임무를 수행한다. 해군의 상징인 함정은 임무에 따라 근해나 망망대해로 이동한다. 함정을 하나의 부대로 보았을 때 꾸준히 이동하는 육군이랑 비슷하다. 하지만 함정에 탑승한 부대원의 입장으로 보면 이동하지 않는 셈이다. 그런 면에서는 공군과 비슷하다. 결국 육·공군의 특성을 모두 갖고 있다. 이는 함정이라는 하나의 플랫폼을 통해 임무를 수행하기 때문에 발생하는 특성이다.

'한배를 탔다'는 표현은 조직이나 모임에서 공동운명체임을 강조할 때 흔히 쓰이는 표현이다. 그런데 해군은 정말 한배를 탄다. 비유적인 표현이 아니다. 물리적으로 눈에 보이는 배를 타고 같은 임무를 수행하는 부대원은 모두 같은 배에 탑승해 있다. 이는 진정한 공동운명체임을 의미한다. 누구도 부정할 수 없다. 배의 운명에 따라 나의 운명이 갈린다. 같은 배에 타고 있는 사람들은 같은 운명을 갖는다. 이 특성은 육·공군을 비롯해 어느 조직과 비교해도 강도가 세다.

② 예술작품 자체인 해군 함정

함정은 일종의 종합예술 작품이다. 종합예술로 표현하는 건 수많은 요소가 고려되어 함정이 설계 및 건조되기 때문이다. 함정은 모든 것이 가능하여지도록 만들어지는데 물 위에 떠서 움직이는 기능은 기본이고 함포, 미사일 등 군사작전 기능, 사무실 등 일하는 공간, 개인 생활공간 등. 한 척의 배 안에 사회 모든 기능이 가능하도록 시설을 갖춰 놓았다. 마치 내가 사는 건물에 시장, 병원 등 삶에 필요한 필수 시설과 다니는 회사까지 입주한 상태이다. 실제로 지상에는 이런 건물이 없다. 있기도 어렵고 있을 필요도 없다. 특이하게 함정이라는 장비가 갖는 특성일 뿐이며, 이런 이유로 함정은 모든 요소가 조화된 종합예술작품이라고 표현된다.

✚ 서울함 내부 사진

| 하나의 배에 생활, 전투, 사무실, 모두 집약되어 있다. 한정된 공간에서 삶과 전투에 필요한 모든 것들을 수행할 수 있어야 한다.

❸ 육지와 격리된 한정된 공간

해군 장병의 생활은 육지와 상당히 떨어진 함정이라는 한정된 공간에서 이루어진다. 이 조건은 육·공군에서 경험할 수 없는 특수한 환경이다. 이는 해군에 입대하려는 사람은 반드시 고려해야 할 사항이다. 해군은 가깝게는 연안에서, 멀게는 대양에 나간다. 그런 만큼 한번 출항하면 바다에 있는 시간이 길다. 적게는 수일 많게는 몇 달이 될 수도 있다. 그동안 안정된 땅을 밟지 못하며 24시간 흔들리는 철제 바닥만 있을 뿐이다. 당연시 여겼던 육지, 자기 집에서 이격된 환경은 신체적인 변화를 일으키고, 정신적으로 불안감을 조성할 수 있다. 가장 흔하게 지속적인 멀미와 향수병을 예로 들 수 있다.

또한 좁은 함정에서의 생활은 답답함을 유발한다. 24시간 함정이라는 제한된 공간에서 생활하기 때문이다. 타군과는 다르게 해군은 사무실과 생활공간이 하나의 배 안에 있다. 정해진 근무 시간이 끝나도 벗어날 수 없다. 사무실과 생활하는 공간이 분리되어 있지만 결국 같은 배 안이다. 또한 긴급 상황을 대비하는 군의 특성상 24시간, 365일 긴장하지 않을 수 없다. 정해진 근무 시간은 있지만, 새벽에라도 상황이 발생하면 정위치에서 임무를 수행해야 한다. 물리적으로 떠날 수도 없고 임무로 인해 배를 떠나서도 안 된다. 이것이 장기간 계속되면 스트레스로 다가올 수 있다.

이런 조건에서 해군 입대자에게 필요한 덕목은 '서로 간의 배려심'이 될 것이다. 서로 쉽게 부딪히는 환경에서 성공적인 군 생활을 위해서 상대방 입장을 고려하는 지혜가 필요하다. 물리적인 공간의 양보, 신체적, 정신적으로 힘들어하는 동기, 후임에 대한 위로와 공감이 대표적인 예가 되겠다. 이는 육·공군도 마찬가지지만 특히 해군은 더 필요한 삶의 지혜이다. 과도한 나 자신의 강조는 주변에 큰 불편함을 끼치고, 심지어 군의 임무 수행에 악영향을 미친다는 사실을 알아야 한다.

여기서 '왜 군이 멀리까지 가는 군사력을 건설할까?'라는 의문이 들 수 있다. '그냥 우리나라만 잘 지키면 되지 않을까? 비용도 많이 들고 큰 노력이 필요한데 그런 장거리 임무는 여유 있는 선진국이나 전쟁 위협이 없는 나라에 기대면 되지 않을까?' 하는 생각 말이다. 북한이나 잠재적인 적에 대비해 힘을 키워도 모자라는데 군이 멀리까지 진출할 필요가 있느냐는 것이다. 이런 생각은 당연하고 합리적일 수 있다. 특히 북한이라는 상존하는 위협에 집중하는 게 더 대한민국 국민의 생명과 안전을 보장하는 거로 생각할 수 있다. 하지만 이런 생각은 해군의 임무를 좁게 보는 시각이며, 해군 임무 범위를 제한하는 생각이다. 실제로 해군 임무가 단순히 전쟁 억제와 해양통제, 군사력 투사 등의 일차적인 임무에 국한하지 않기 때문이다.

4 활동 영역은 전 세계

전쟁 억제에서 국위 선양(國威宣揚)까지 해군의 활동 영역은 매우 넓다. 한반도 주변 근해(연안)만이 아니라 필요시 큰 바다, 즉 대양까지 활동 영역을 넓힌다. 군대 본래의 목적인 한반도에서 전쟁을 방지하는 역할에 국한하지 않고 아시아를 넘어 전 세계를 무대로 활동한다. 그 과정에서 대한민국 국격을 높이는 소중한 역할도 수행한다.

해군의 역할은 크게 전쟁 억제, 해양통제, 해상교통로 보호, 군사력 투사, 국가 대외정책 지원 및 국위선양 5가지로 나뉜다. 바로 의미가 다가오는 단어가 있는 반면에 낯설거나, 심지어는 무슨 말인지 이해하기 어려운 단어도 있다. 완벽하게 이해할 필요는 없지만, 해군의 역할에 대한 이해를 위해서 그 맥락을 살펴보자.

5가지 역할은 크게 지역적으로 분류할 수 있다. 한반도 주변에서 수행하는 역할과 한반도를 벗어나 넓은 바다인 대양에서 수행하는 역할로 구분할 수 있다. '전쟁 억제', '해양통제', '군사력 투사'는 한반도 주변에서 수행한다. 해양통제[2]와 군사력 투사(투입)는 평화가 지켜지지 못하는 상태, 즉 전쟁이나 실제 전투가 벌어졌을 때 해군이 취하는 행동이다. 해양통제를 통해 자유롭게 해양을 사용하고, 군사력을 실제로 적에 투입(공격)하는 것이다. 전쟁 억제는 평시에 해군 본연의 임무이다. 해군은 국민의 생명과 재산 보전을 위해 전쟁 발발을 방지하기 위한 제반여건을 마련한다.

'해상교통로[3] 확보'와 '국가 대외정책 지원 및 국위선양'은 주로 한반도를 넘어서 해외에서 이루어진다. 해상교통로란, 간단히 말하면 국민의 생존에 필요한 석유, 식량, 원자재 등과 같은 교역품의 이동 통로이다. 전시에는 군수 물자의 수송을 위한 해상 보급로가 된다.

---

2 아군이 필요로 하는 특정 시기, 특정 해역에서 적의 방해를 받지 않고 자유롭게 해양을 사용하도록 보장하고, 적의 해양 사용을 거부하기 위해 적의 해군력을 효과적으로 제압 또는 통제하는 상태

3 Sea Lines of Communications, 국가의 생존과 전쟁 수행을 위해 확보해야 할 해상 연락 교통로, 국민의 생존에 필요한 석유, 식량, 원자재 등과 같은 교역품의 이동 통로이며 유사시 탄약, 군수 물자 등의 수송을 위한 해상 보급로이다.

해상교통로를 확보한다는 것은 물자를 적재한 상선의 이동을 안전하게 보호한다는 것이다. 국가 대외정책을 지원하고 국위를 선양하는 역할은 해외 분쟁지역에 파견되어 평화유지군[4]으로 참전하거나, 테러 및 해적행위를 차단하고, 민간인을 구조하는 활동을 통해 이루어진다. 우리나라를 위한 것은 아니지만 세계평화에 기여하고 정의 실현을 통해 국격을 높인다.

✚ 해상교통로

출처 : 대한민국 해군 홈페이지

해군은 한반도를 넘어 동아시아, 태평양, 인도양 등 세계 어디든 투입할 수 있는 군사력 건설을 목표로 한다. 이것은 대양해군[Ocean Going Navy]이라는 개념으로 국가 이익 수호와 국가 정책을 뒷받침하기

---

4 PKO(Peace Keeping Operation), 국제분쟁을 평화적으로 해결하고 항구적 평화 체제를 정착시키기 위한 유엔의 군사 활동

위해 해상, 해중, 항공 등 입체 전력을 구비하고 적정 수준의 해양통제, 해상교통로 보호 및 전력 투사 능력을 갖추어 대양에서 상당 기간 독립 작전을 수행하는 해군을 의미한다.

5 한반도의 숨통을 트이게 한다

해군의 임무 중 하나는 해상교통로 보호이다. 우리나라 상선의 이동로를 안전하게 보호하는 것이다. 한반도를 드나드는 배가 안전하게 이동하도록 해군이 보호하니 안전한 해상 상업활동이 가능하다. 특히 한반도로 들어오는 물동량 대부분이 해상수송임을 고려할 때 안전한 해상교통로 확보는 우리나라 개개인의 삶의 질과 직접적으로 연관된다. 만약 주변국에서 들어오는 무역 상선을 막아버린다면 수출길과 수입이 막혀 우리나라는 엄청난 혼란에 처할 것이다. 일상 생활에 지장이 생길 수 있다. 결국 교류가 필요한 우리나라 입장에서 해상교통로의 안전은 반드시 확보되어야 하는 요소이다.

6 해외 자국민의 안전을 보장한다

해군은 해외에 있는 국민의 생명과 재산도 보호한다. 이것은 우리나라 해군이 해외까지 간다는 것을 의미한다. 물론 해외는 해당 국가에서 그 역할을 할 것이라 생각할 수 있다. 여기서 말하는 해외는 해당 국가의 영향력이 미치지 못하거나 능력이 없거나 어느 나라도 소유하지 않은 공해를 의미한다. 공해는 어느 나라의 소유도 아닌 만큼 진입이 비교적 자유롭다. 하지만 자유로운 만큼 위험성도 높다. 특정 국가가 이곳의 치안을 담당할 의무는 없다. 우리나라 선박도 많이 공해에 진출해 있다. 태평양 참치잡이 배가 대표적이다. 그들은 자국과 멀리 떨어진 바다 한가운데의 위험지역에서 작업을 한다.

해군 00부대는 소말리아 해상에서 납치된 00호와 선원의 안전을 위한 구출 작전을 수행했다. 00명 사살, 00명을 생포했으며 00호 선원 전체를 인명피해 없이 구출했다. 이것이 소말리아 해적을 물리친 아덴만의 여명작전이다. 해군은 해외 먼바다에서도 자국민의 생명과 재산을 보호하는 임무를 수행한다. 결국 장소만 다를 뿐 이것도 국가방위의 임무이다.

2. 해군이 되는 방법은?

1 병사(용사)

기술병

자격, 면허 소지, 전공 또는 경력이 필요하거나 선발의 전문성이
요구되어 별도의 지원 자격이나 선발기준을 정하여 모집하는 군사특
기 중 어느 한 분야에 현역병으로 지원하는 경로를 말한다. 기술병은
일반기술 계열, 전문기술 계열, 문화홍보 계열, 군악 계열, 특전 계열,
심해잠수 계열로 구성된다.

임기제 부사관(구 유급지원병)

해군의 첨단장비 운용 및 전투력을 발휘하는 전문인력으로 병 의

무 복무기간 만료 후 하사로 연장 복무하며, 하사 임용 후 일정 수준의 보수를 받으면서 군 복무하는 사람으로 군 특성화고(서울 성동공고, 서울 용상공업고, 인천 해양과학고, 제주 서귀포산업과학고, 남원 남원제일고) 졸업예정자만 모집한다.

취업맞춤 특기병

고졸 이하 병역의무자가 군에 입영하기 전에 본인의 적성에 맞는 기술훈련을 받고 이와 연계된 분야의 기술병으로 입영해서 복무함으로써 취업 등 안정적으로 사회 진출하는 현역병 모집 분야다.

동반입대병

가까운 친구/동료와 같이 입영해 훈련받고 육지 또는 섬 지역의 해군부대로 함께 배치되어 서로 의지하며 군 복무하는 제도이다. 이 제도는 현역병 입영장정이 든든한 동반자와 함께 군 생활을 함으로써 입대 후 군 생활의 조기적응, 복무 의욕을 고취해 군의 전투력 향상에 기여하도록 해군에서 2012년도부터 도입해 시행한다.

2 부사관

기술계열 부사관

임관일을 기준으로 만 18세 이상 27세 이하의 대한민국 남자 및 여자(단, 임신 중인 자 제외)인 자로 학력은 고등학교 졸업 이상의 학력 소지자(임관일 기준 졸업 가능자)이며, 지원 자격은 모집계열 관련 학과(고교, 대학·전문대) 전공자 또는 기술 자격증 소지자이다. 항해, 기관, 전투체계, 통신·전자, 기능, 행정, 항공 등의 계열로 구성된다.

군악 부사관

지원 자격은 연주경력 2년 이상자로 목관, 금관, 타악기, 밴드, 성악 등 특기 소유자이다. 기초군사훈련 후 해군부대 군악대에서 근무한다.

특전 부사관

특수임무를 수행하는 부사관으로서, 함정초군반 과정을 수료한 위관 장교, 임관일 기준 만 18~27세인 모병 부사관, 임관 후 2년 이내 하사, 병사는 현역 복무 대상자가 지원할 수 있다.

심해잠수 부사관

해양의 재난 및 사고에 대한 인양 및 구조작전 임무를 수행하는 부사관으로 특전 부사관과 동일하게 함정초군반 과정을 수료한 위관 장교, 임관일 기준 만 18~27세인 모병 부사관, 임관 후 2년 이내 하사, 병사의 경우 현역복무 대상자 등이 지원할 수 있다.

군 가산복무지원금 지급대상자

학부 재학 중 시험에 응시하여 합격하면 군 가산복무지원금으로 대학교를 학업하고 학위를 취득한 후 학사 부사관 또는 학군 부사관의 의무 복무기간에 지원금을 받은 기간을 가산하여 부사관으로 복무하는 제도이다.

학군 부사관(RNTC)

부사관학군단은 부사관 학생군사교육단의 줄임말로서 해군에서 필요한 부사관을 대학교에서 양성하는 제도이다. 3학기 동안 소정의 군사교육을 이수하고 학군단 수료 시 졸업 후 부사관으로 임관한다. 지원 자격은 2022년 현재 학군단이 설치되어 있는 경기과학기술대학교와 대림대학교에 재학 중인 1학년(2년제 학과) 또는 2학년(3년제 학과)이다.

③ 장교(준사관 포함)

해사생도

고등학교 3학년 때 별도의 입시 시험을 거쳐서 선발되며, 사관학교에 입교해 4년 동안 교육훈련을 받는다. 교육훈련을 마치면 졸업과 동시에 해군 소위로 임관한다.

사관 후보생

학사 이상의 학위 소지자가 해군 장교로 임관할 수 있는 제도로, 매년 상반기와 하반기에 간부 선발 시험을 통해 선발한다. 시험이 아니면 해군과 협약을 맺고 '해군 군사학과'를 개설한 학교에 입학하면 된다. 이 해군 군사학과를 졸업하면 해군 학사사관후보생으로 들어올 수 있다. 현재 군사학과가 개설된 학교는 세종대학교, 충남대학교, 한양대학교 등이 있다.

학군사관(ROTC)

대학교 재학 중 일정 시간의 군사훈련을 수료하고 졸업과 동시에 소위로 임관해 2년간 의무 복무를 하는 제도이다. 현재 해군 학군사관 제도를 운용하는 학교는 한국해양대학교, 폭포해양대학교, 부경대학교, 제주대학교이다.

학사예비 장교 후보생

국내 4년제 대학교 1, 2, 3학년 재학 중에 해군 장교로 지원해 군 복무에 대한 부담 없이 학업에 열중하고 졸업 후 장교로 복무하는 제도로 복무기간은 사관후보생 복무기간 3년과 동일하며, 대학교 재학 기간에 별도의 훈련은 없으나, 연 1회 방학 기간을 이용해 소집 교육(해군 소개, 함정견학 등)을 실시한다.

군 가산복무지원금 지급대상자

학부 재학 중 시험에 응시하여 합격하면 군 가산복무지원금으로 대학교를 학업하고 학사 학위를 취득한 후 학사사관 또는 학군사관의 의무 복무기간에 지원금을 받는 기간을 가산(최대 4년)해 장교로 복무한다.

3. 해군의 특징

★ ★ ★ ★ ★

1 배 타는 해군과 타지 않는 해군

흔히 해군이라면 배를 타는 것을 생각한다. 함정에 탑승해 망망대해에서 바닷바람을 맞으며 수평선을 즐기는 것으로 해군 생활을 생각하며 지원하는 경우도 상당히 많다. 그렇지만 모든 해군이 배를 타는 것이 아니다. 병과와 신분 그리고 시기에 따라 배를 탈 수도 있고 타지 않을 수도 있다. 특히 병과에 따라서 갈리게 되는데 해군에는 수많은 병과가 있으며 병과에는 수십 가지 세부 특기가 존재한다. 그에 따라 탑승 여부가 결정된다.

주로 함정병과(항해, 기관), 정보, 정보통신, 병기, 보급 병과가 함정에 탑승하고 그 외 병과는 함정의 임무를 육상에서 지원한다. 함정에서 근무하고 싶다면 해당 병과 계통으로 지원하면 되겠다. 단, 사관학교 출신의 장교는 졸업 후 병과에 상관없이 일정 기간 함정에서 근무해야 한다. 정확히 말하면 우선 함정을 경험하고 중위 때 자신의 병과를 부여받는다.

여군도 함정탑승이 가능하다. 아니 표현이 잘못되었다. 해군에서는 성별에 따라서 갈 수 있는 보직과 없는 보직을 나누지 않는다. 성별과 상관없이 모두 군인이기 때문에 어디든 갈 수 있다. 2022년 현재 여성 함장도 나온 상태다.

❷ 터지지 않는 휴대전화

최근 병사들이 함정에 휴대전화를 가지고 탑승할 수 있다.[5] 하지만 해군의 임무 지역 특성상 휴대전화가 사용 불가일 경우가 많다. 기지국이 없는 먼바다에서는 핸드폰으로 통화나 인터넷을 사용할 수 없다. 핵심적인 기능이 제한되기 때문이다.

❸ 타군과는 다른 해군의 계급

해군의 Captain은 대령이다.

필자가 해외에서 보수교육을 받았던 때의 일이다. 미국의 한 대학교에서 약 두 달 교육을 받는데 세계 각국의 군인이 모여 있었다. 물

---

5 병사의 경우 일과시간에는 사용이 제한되고, 일과 후나 휴무일에 사용 가능이 원칙이다.

론 한국에서도 육·해·공군에서 교육받으러 왔는데 학생 리스트를 볼 기회가 있었다. 우리나라 군인 명단도 있어 영문명으로 표시된 한국군 계급과 이름을 확인할 수 있었다. 해외에 가면 또래를 찾고 싶고 더 많이 교류하고 싶은 마음이 든다. 당시 필자의 계급인 대위^{Captain}나 중위·소위^{Lieutent}를 찾아보고 인사를 주고받았다. 하지만 해군 대위는 찾지 못했다. 분명 학생 리스트에는 Navy, Captain^{CPT}이라는 명칭이 있었지만, 며칠이 지나도 찾지 못했다. 그 이유를 나중에 알았다. 지나가며 본 대령분이 내가 찾던 Captain이었던 것이다.

해군의 계급은 육·공군과는 차이가 있다. 단순히 우리말로 하면 소위, 중위, 대위처럼 같은 단어지만, 그것을 영어로 옮기면 확연한 차이가 있다. 가령 앞에서의 Captain이라는 단어는 육·공군과 심지어 해군에 소속된 해병대의 대위를 의미한다. 반면에 해군에서는 그보다 3계단 위인 대령이다. 비슷한 계급이라면 이해가 쉽겠지만, 상당히 차이 나는 계급임에도 불구하고 그 위상이 다르다. 영어로는 동일하게 캡틴이라는 표현을 쓰는 것이다.

그 밖에도 해군의 계급 영문 명칭은 타군과 매우 다르다. 표에서도 볼 수 있듯이 군의 최고계급인 대장부터 심지어는 사관생도 명칭까지 확연히 다른 명칭을 사용한다. 해군 장성 계급은 장군^{General}이아니라 Admiral(제독)이라는 용어를 쓰는데 제독은 과거 중국 명나라와 청나라 시절 사용했던 관직의 호칭이다. 수륙 양군을 통솔하는 무관의 최고 벼슬자리를 의미했다고 한다. 제독은 고대 지중해를 장악했던 페니키아에서 유래되었는데 해상의 고위 지휘관을 '아미랄^{Amiral}'이라고 불렀는데 이는 바다에서 큰일을 하는 높은 지위의 신분인 '바다의 귀족'을 의미했다고 한다.

해군 대령을 의미하는 CPT는 한 조직의 우두머리라는 의미인데 해군에서 대령은 '큰' 함정을 지휘하는 고급장교이다. 그 아래 계급인 중령은 'Commander'라고 불리는데 대령의 명령은 받아서 지휘하는 계급이라고 이해하면 쉽겠다. 그 밑에 소령은 'Commander'의 '대리자'라는 의미로 앞에 'Lieutenant'가 붙어 'Lieutenant Commander'가 된다. 그 밑에 위관급의 최고계급인 대위는 소령에서 'Commander'가 떨어져 나가고 대리자라는 의미만 남는 'Lieutenant'가 된다. 그 아래 중위는 'Lieutenant'보다 아래라는 의미로 'Lieutenant Junior Grade'라고 명명한다.

해군과 타군 계급 간 영문 명칭 비교

장교계급	해군의 계급 영문 표기	타군의 계급 영문 표기
대장	Admiral	General
중장	Vice Admiral	Lieutenant General
소장	Rear Admiral Upper Half	Major General
준장	Rear Admiral Upper Half	Brigadier General
대령	Captain	Colonel
중령	Commander	Lieutenant Colonel
소령	Lieutenant Commander	Major
대위	Lieutenant	Captain
중위	Lieutenant Junior Grade	Lieutenant
소위	Ensign	Second Lieutenant
사관생도	Midshipman	Cadet

이렇게 해군은 독자적인 역사와 전통에 따라 나름의 계급체계를 갖고 있으며 그렇기에 명칭에서부터 육·공군과는 확연히 다른 계급체계를 갖는다.

④ 타군과는 다른 해군의 계급장(견장과 수장)

해군은 계급 명칭만 다른 게 아니라 특유의 계급장을 갖고 있다. 특유의 계급장이란 계급을 나타내는 계급장의 모양이 다르다는 것이다. 그것도 확연히 말이다. 해군의 계급장은 견장과 수장으로 나눌 수 있다.

견장은 옷의 어깨 부분에 재봉하거나 찰탁이 가능하여지도록 한 장식으로 해군에서 어깨 위에 다는 계급장이라고 이해하면 쉽다. 견장은 어깨에 걸친 탄띠가 흘러내리지 않게 하는 고정대에서 유래된 것으로 현재는 명예와 장식의 의미가 있다. 해군의 견장은 계급을 나타내는 용도로 쓰는 계급장의 역할을 할 때가 많다.

해군 계급장

그런데 계급장의 형태가 타군과는 아주 다르다. 해군의 수많은 복제 중 일부(근무복)를 제외하고는 철제 계급장이 아닌 '금색 줄'로 계급을 나타낸다. 즉 금색 줄의 개수의 많고 적음, 줄의 굵기에 따라서 계급의 높고 낮음을 표시한다. 현재 장성급 장교의 경우에만 견장에

별 표시가 있는 것을 제외하면 대령은 줄 4개를 시작으로 계급이 내려감에 따라 줄 개수와 굵기가 가늘어진다.

다음은 수장이다. 수장은 소매 수袖자를 써서 수장이며 정복의 소매에 달아 계급을 표시하는 계급장이다. 대한민국 군대에서 해군만큼 수장으로 계급을 자세히 알 수 있는 군종은 없다. 수장은 해군에서 장교(준사관 포함) 계급만 다는 일종의 전통이자 관습이다. 수장 내의 계급 표시는 견장과 대동소이하다. 견장과 동일하게 줄의 개수, 줄의 굵기에 따라 계급을 나뉘는데, 장성은 견장의 별 모양을 굵은 줄로 표현하는 것이 다른 점이다. 견장과 함께 수장으로 해군 장교의 계급을 확인할 수 있으며 심지어는 수장 하나만으로 계급을 확인해야 한다.

이러한 해군의 견장과 수장은 국제적인 공통 계급장으로 전 세계 해군의 전통과 관습의 하나이다. 해군은 특성상 국제적으로 활동하기 때문에 계급장이 유사하다. 세세한 것은 달라도 줄 4개는 대령(함장), 제독급은 굵은 줄 등 전체적인 틀은 유사한 것을 알 수 있다.

이런 계급장은 쉽게 눈에 들어오지 않는다. 군대와 관련 없는 민간인은 물론이고 육·공군도 쉽게 알 수 없다. 특히 정복의 경우 견장 없이 수장만 달려 있는데 어깨만 보고 계급을 판단하는 육·공군의 입장에서는 빠른 시간 내에 계급을 확인하기 힘들다. 위와 아래 구분이 확실하고 경례로서 예의를 반드시 표시하는 군인으로서는 골치 아픈 일이 아닐 수 없다. 그래서 해군부대를 방문할 때는 해군 계급장을 한번 숙지하고 가는 게 좋다.

5 해군의 15분 대기 문화

벌써 배가 저만치 가네!

새로운 배가 만들어졌거나 새로 전력화되었을 경우 특별한 행사의 출항식을 한다. 출항식은 관계자가 참석하는 게 일반적이지만 기자나 때에 따라서 민간인도 참관할 수 있다. 그때 흔히 하는 실수가 시간을 놓치는 것이다. 군함 출항 시간에 맞춰서 행사장에 방문했다가 기대하는 출항행사 항해체험을 하지 못할 수 있다. 이는 해군의 15분 전, 5분 전을 잘 모르기 때문에 발생하는 일이다.

보통 육·공군은 5분 전 대기가 원칙이다. 대기는 당연하고 정해진 시간에 행사나 임무를 수행하기 위해서 시간 관리에 철저해야 한다. 하지만 해군은 '15분 전 대기'라는 특이한 시간관념을 갖고 있다. 해군은 '15분 대기' 문화로 이는 시간을 반드시 지키는 조직문화임을 인지해야 한다. 그렇지 않으면 자신뿐 아니라 부대 전체에 큰 피해를 안기게 된다.

해군에서 '15분 전'은 '모든 준비가 끝났음'을 의미한다. 왜 15분 전일까? 5분도 아니고 10분도 아니고 왜 15분일까? 그만큼 준비할 게 많다는 것이다. 함정을 출항하려면 자동차처럼 시동을 걸고 액셀러레이터를 밟으면 되는 게 아니다. 우선 부두와 연결된 전기를 공급하는 케이블을 포함한 각종 공급 케이블을 분리하고 함정 내의 자체 발전기를 가동한다. 따라서 발전기를 돌려 함정 내 모든 장비를 구동시키고 방향을 알려주는 자이로에 시동을 거는 작업 등 사전 준비를 시작한다. 이후 출항 15분 전에 출항경보 및 출입항 요원을 배치하는 등 함정방송을 통해 출항 준비가 되었음을 알린다. 모든 중요한 조치와 필수적인 조치는 출항 15분 전에 모두 완료해야 한다. 15분 전 이후에는 최소한의 조치만 남겨둔다. 5분 전에 마저 남아있는 현문을 철거한다. 현문Gangway Port은 선박의 현측에 사람이 출입하도록 설치한 개구부를 말하는데 부두와 함정 사이를 연결하는 다리와 같은 역할을 한다. 현문이 철거되면 더 이상의 탑승은 없다. 부두에 매여있는 홋줄[6]을 걷고 출항을 알리는 기적[7] 장성 한 발을 크게 올린다.

우리나라 해군만 그런 게 아니다. 해군의 역사만큼 15분 전, 5분 전 준비는 전 세계적인 관습이다. '15분 전 대기'는 대표적인 해군문화로 함정이 출항할 때만 적용되는 게 아니라 해군 생활 전반에 모두 적용된다. 당직근무의 교대, 집합, 업무 수행 간에 철저히 지켜진다. 일종의 해군만이 갖는 문화인 셈이다. 처음 접했을 때는 이해하지 못할 수도 있다. 하지만 사전 준비를 철저히 하려는 노력이 15분, 5분의 형태로 나타났다고 이해하면 되겠다. 그런 맥락을 알면 충실히 따를 수 있다. 이러한 해군의 미리 준비하는 모습은 사회생활의 어디에서든 통하는 바람직한 모습이다. 함정에서 근무하든지, 지상에서 근무하든지 간에 모두 적용되는 것이니 해군에서 생활하려는 사람은 반드시 숙지해야 한다. 함정생활을 잘하고 싶으면 시간관념을 철저히 하고 또한 해군 생활을 충실히 하면 철저히 준비하는 습관을 만들 수 있다는 의미이기도 하다.

---

6 mooring wire, 선박 등을 일정한 곳에 붙들어 매는 데 쓰는 밧줄로 파도나 너울에 흔들리거나 바다에 표류하지 않게 한다. 보통 나일론이나 폴리에틸렌의 합성 섬유로 제작된다.

7 기차나 배 따위에서 증기를 내뿜는 힘으로 경적을 내는 장치 또는 그 소리

6 대통령도 앉을 수 없는 함장 의자

함정은 대규모 인원이 식사가 가능한 식당, 간부가 회의하거나 쉬는 사관실과 원상사실, 동력을 책임지는 기관실 등 정말 많은 격실로 구성되어 있고 격실 안에는 많은 의자가 있다. 그런데 많은 의자 중 오직 한 사람만을 위한 의자가 있다. 바로 함장이 앉는 의자인데 누구도 함부로 앉을 수 없는데 상급자나 심지어는 국가 최고지도자인 대통령도 앉을 수 없다. 함장 의자는 건드릴 수 없는 고유의 영역이다. 이런 전통은 언제부터 시작되었는지 알 수 없다. 대항해시대부터이 원칙이 지켜졌고 함정이 출항 후 망망대해에 나가면 길게는 1년넘는 시간 동안 오직 한 사람, 함장에 의해 모든 일이 집행된다. 그만큼 함장에게는 큰 책임이 부여된다. 함정의 승조원들은 모든 권한과 책임을 진 함장에 대한 예의를 표하고 어떤 VIP 앞에서도 함장의 존엄성을 유지하기 위한 전통이다. 이 절대 의자는 해군만의 소중한 문화이다.

7 함정 생활 맞춤형 경례 문화

해군은 일반적인 거수경례와 더불어 함상 경례를 허용하는데 경례 시에 팔꿈치를 45도가량 안쪽으로 굽혀서 하는 경례이다. 이는 함정의 좁은 공간을 고려한 경례방식이다. 함정 승무원은 수시로 마주치기 때문에 처음 만났을 때만 거수경례하고 이후에는 경례하지 않고 예의만 표시한다. 단 함장이나 장성급 장교 또는 타 소속 함정의 상급자에게는 만날 때마다 경례로 예의를 표시해야 한다.

길 차렷은 함정의 좁은 공간을 고려해 생긴 해군만의 문화이다. 함정은 상당히 제한된 공간으로 대부분 공간은 장비에게 내주고 사람은 좁은 곳에서 생활한다. 길 차렷은 좁은 통로에서 상급자가 상대편에게 방해받지 않고 잘 지나가도록 하급자가 몸을 한쪽 벽면으로 비켜서는 동작이다. 이것을 통해 상급자에 대한 경례를 대신한다. 길 차렷은 통로가 좁아 양방향 보행자가 동시에 통과하기 어려운 경우에 실시하는 데 상급자와의 거리가 3~4m에 이르면 하급자가 통로의 한쪽에 등을 붙이고 서 있으므로 상급자의 원활한 통행을 돕는다. 좁은 통로에서 상관이 불편하지 않고 편히 지나가도록 배려하는 최고의 예우로 경례의 일종이다.

함정 간에 실시하는 대함경례가 있다. 후임함장과 선임함장의 함정과 근접해 조우 시 험한 파도와 싸우며 임무를 수행하는 것에 대한 존경 및 안전 항해를 기원하는 의미에서 해상경례를 한다. 이때에는 경례와 동시에 양 함정 간 발광신호를 주고받는 데 보통 '함장님 수고하십니다' 또는 '안전 항해를 기원합니다'라는 의미를 담는다.

8 단위가 다르다

해군의 사용하는 단위도 다르다. 거리 단위가 대표적인데 우리가 일상생활에서 m(미터)나 km(킬로미터) 단위를 사용하는 것에 반해 해군은 이 단위는 사용하지 않는다. 대신에 해리NM, Nautical Mile를 사용한다. 이는 그리스 과학자 에라토스테네스가 찾아낸 지구 둘레(약 40,000km)를 남북선을 기준으로 360 등분하고 이를 다시 60 등분하고 이를 다시 60 등분한 1.8518km에서 유래했다. 1해리^{海利}는 1NM으로 1,892m가 된다.[8] 즉 해리는 원의 기하학, 지구의 도해 및 천문학 등 고도의 과학기술이 숨어있는 첨단 단위다.

여기서 구분할 것은 육상마일$^{SM\_statue\ mile}$과는 다르다는 점이다. 우리나라를 제외한 서양에서는 일반인도 마일 단위를 사용하는데, 여기에서 마일은 해상마일^{NM}이 아닌 육상마일이다. 육상마일은 해상마일, 해리와 유래부터 다르다.[9] 그리고 결정적으로 거리가 다르다.[10] 같은 마일이라고 같은 거로 생각하면 안 된다. 해군은 1,892m를 1해리로 정의하고 작전 및 임무 수행에 기본 단위로 사용한다.

또한 속도 단위는 Knot(노트) 단위를 사용한다. 1노트는 배가 1시간에 1해리를 가는 속도를 의미한다. 즉, 1knot=1nm/h라고 할 수 있다. 함정이 1시간에 1해리를 가는 속도면 1노트, 2시간을 가는 속도면 2노트로 항해했다고 한다. 해리와 마찬가지로 해군은 속도 단위로 노트를 기본 단위로 활용한다.

---

8 경도는 위도가 높아짐에 따라 간격이 좁아져 거리를 재는 자(尺)로 사용할 수 없다. 반면 위도는 어느 지역에서나 간격이 일정한데 지구 둘레는 4만 7㎞를 360도로 나누면 위도 1도 길이는 111.13㎞이며 1도는 60분이므로 이를 다시 60으로 나누면 1천852m가 된다.

9 육상마일은 고대 로마에서 사용하던 행군 단위로 2,000보에 해당하는 '밀레 파슈움(Mile passuum)'에서 유래했다.

10 1육상마일은 1마일에 1,609m이다.

PART
6

군인연금으로 노후 대비까지, 직업군인은 어때?

1. 직업군인은 어떤 사람인가?

"가수가 되기 위해서 30억을 포기하고 직업군인을 그만두었습니다!"

이것은 유명한 트로트 가수인 박 군이 방송에서 한 말이다. 직업군인인 특전사였던 그는 직업군인의 수십억에 달하는 혜택을 포기하고 제대해서 트로트 가수로 시작했다고 말했다. 이 말은 한 노래 경연대회에서 회자하며 주목받았다. '직업군인이 그렇게 많이 받아?' 하는 대중의 의문점과 함께 군인의 연금과 연봉, 봉급에 관한 관심을 불러일으켰다.

직업을 선택할 때는 삶을 영위할 수 있도록 노동의 대가인 급여와 복지제도, 맡은 업무에 대한 적성도 고려해야 한다. 적게는 10년, 길게는 평생 해야 하니 말이다. 의무로 짧게 다녀오는 의무 병사와는 확연히 다르다. 열심히 했을 때의 보상과 연금이 나오는데 연금이 언제 나오는지, 조건이 어떤지, 노후는 어떻게 보장되는지 등등 궁금한 것이 많을 것이다. 그래서 Part 4에서는 직업군인이 되는 실제적인 방법과 요구되는 특성(적성) 그리고 무엇보다 여러분이 궁금해할 급여와 복지제도는 어떤지 알아보자!

그렇다면 직업군인이란 어떤 사람을 의미할까? 드라마나 영화에서 '너 국대 말뚝 박아라!'라는 말을 듣고 고민하다가 군대에 남는 것을 선택하는 모습을 떠올린다. 이것이 일반인이나 군대를 잘 모르는 사람이 떠올리는 직업군인이 되는 모습일 수 있다. 하지만 그렇게 단순하지 않다.

직업군인은 어떻게 되는지 하나씩 알아보자! 대부분 알고 있겠지만, 우선 병사는 직업군인이 아니다. 당연한 소리로 들리겠지만 대한민국 건장한 청년이면 의무로 가는 병사는 직업으로 하는 군인이 아니다. 말 그대로 '의무'로 가는 것이지 자신의 의지가 아니니 직업이 될 수 없다. 그럼 어떤 계급이 직업군인일까? 그건 부사관(준사관 포함)과 장교이다. 물론 모든 부사관과 장교가 직업군인은 아니다. 의무로 군 생활을 하는 부사관과 장교(3~5년)가 있기 때문이다. 즉 의무로 군 생활을 하는 것이 아닌 부사관과 장교가 직업군인이다. 얼핏 보면 복잡해 보이지만 단순하게 말하면 직업군인은 오랜 시간 적어도 10년 이상 또는 은퇴할 때까지 자신의 전문적인 직장^{Career}으로, '군사 전문가^{Military Specialist}'로 군에서 생활하는 사람을 의미한다.

1 직업군인이 되려면?

직업으로 군인이 되려면 어떻게 해야 할까? 주변에 군인을 직업으로 한 사람이 있거나, 사전지식이 있다면 모르지만 그렇지 않다면 잘 모를 것이다. 의무 병사로 가면 직업군인에 대해서 얻을 수 있는 정보가 있다. 하지만 직업으로 군인을 원한다면 의무 병사로 가는 게 오히려 시간적인 손해일 수 있다. 그렇기에 직업군인을 희망한다면 직업군인이 되는 방법을 알아야 한다.

장기복무 장교와 단기복무 장교의 구분

출처 : 군인사법

구분	장기복무 장교	단기복무 장교
의무 복무 기간	10년[1]	3년[2]
해당자	1.사관학교를 졸업한 사람 2.장기복무를 지원하여 임용된 군법무관 3.단기복무 장교 중 장기복무 장교로 선발된 사람 4.해군의 장교 또는 공군의 장교로서 비행훈련 과정을 수료하여 비행 자격을 취득한 사람	1.육군3사관학교나 국군간호사관학교를 졸업한 사람 2.사관후보생과정 출신 장교 3.학생군사교육단 사관후보생과정 출신 장교 4.예비역 장교로서 전역 당시의 계급에 재임용된 중위 이상의 장교 5.그 외 장기복무 장교에 속하지 아니하는 장교

---

1 해·공군의 장교로서 비행훈련 과정을 수료해 비행 자격을 취득한 사람[회전익 항공기로 기종이 분류된 사람은 제외] 중 해군사관학교 또는 공군사관학교를 졸업한 사람의 의무 복무 기간은 15년, 그 외 사람은 13년으로 한다.

2 다만, 육군3사관학교나 국군간호사관학교를 졸업한 사람은 6년으로 하고, 「병역법」 제57조 제2항에 따른 학생군사교육단 사관후보생과정 출신 장교, 여군(女軍) 중 간호과 장교(국군간호사관학교를 졸업한 간호과 장교는 제외) 및 예비역 장교로 전역 당시 계급에 재임용된 중위 이상의 장교는 국방부 장관이 각 군의 인력 운영에 필요하다 인정하는 경우 1년의 범위에서 복무기간을 단축할 수 있다.

상기 내용은 군 인사법에 있는 장기복무 장교와 단기복무 장교를 비교한 것이다. 각각 의무 복무기간이 다르고, 해당 인원이 다르다. 장기장교는 10년 이상 복무하는 장교이고, 단기장교는 3년만 복무한다. 둘의 현격한 차이는 단순히 기간의 차이가 아닌 '의무냐?', '의무가 아니냐?' 하는 것이다. 즉, 대한민국 성인 남자로 의무로 군에 온 장교는 단기장교이고 반면에 자신이 군에 뜻을 두고 지원한 장교를 장기복무 장교라고 한다. 단기복무 장교는 주어진 의무 복무기간(보통 3년)을 마치고 전역하는데 병사가 18~21개월 복무 후 제대하는 것과 같다. 단지 병사가 아닌 장교로 왔기 때문에 병사보다 조금 더 긴 시간을 복무하고 제대하는 것뿐이다. 반면에 장기복무 장교는 최소한 10년, 일부 전문병과(공군 조종사 등)의 경우 더 긴 시간을 군에서 복무한다. 의무 복무기간은 10년이지만 이들은 보통 10년 이상을 복무하는데, 20대 중반에 시작해 10년 복무하면 30대 중반이 되니, 자연스럽게 군인이 '직업'이 되는 것이다. 이렇듯 장기복무 장교가 대부분의 직업군인으로 나중에 정년이 되어서 은퇴할 때까지 군 생활을 한다. 물론 10년만 하고 제대하는 사람도 있겠지만 말이다.

그래서 직업군인이 되기 위해서는 우선 장기복무 장교가 되어야 한다. 장기복무 장교가 된 후 직업군인을 할 것인지 말 것인지는 자신이 결정할 수 있다. 장기복무 장교의 요건은 표에서 언급한 바와 같이 크게 4가지 경로가 있다. 쉽게 사관학교 졸업 후 장교로 입관한 경우와 그 외의 경우로 구분할 수 있다. 우선 사관학교를 졸업한 경우(육군3사관학교, 국군간호사관학교는 포함되지 않음)는 자동으로 장기복무 장교가 된다. 그 외의 경로로 임관된 장교는 별도로 장기복무 장교가 되기 위해 신청하고 소정의 과정을 거쳐 선발된다. 둘의 상황에 해당하지 않아도 비행훈련 과정을 수료해 비행 자격을 취득한 군용기 조종사도 자동으로 장기복무 장교가 된다.

❷ 장기복무 장교가 되는 방법

'왜 사관학교 졸업한 경우에만 자동으로 장기복무 장교가 되는가?' 와 '나머지 경로로 임관되려면 왜 따로 심사해야 하는가?'에 대한 의문이 들 수 있다. 불평등하다고 생각할 수 있다. 하지만 사관학교는 학교의 존재 목적 자체가 장기복무 장교 양성과 교육에 있다. 그러니 어찌 보면 사관학교는 교육 기간 4년 동안 장기복무를 심사한다고 볼 수 있다. 반면에 타 출신 장교는 의무로 입영한 장교이니 따로 장기복무 심사 및 선발에 대한 절차를 거칠 수밖에 없다. 같은 계급의 초급장교(소위, 중위)이고 업무는 동일하더라도 사관학교 출신은 기본적으로 장기복무 장교이고 그 외 출신은 단기복무 장교이다. 시간이 지날수록 계급이 올라갈수록 단기복무 장교와 장기복무 장교는 명확히 구분된다.

각 군의 사관학교는 특성에 따라 지원 자격이 조금 다르다. 하지만 공통으로 대한민국 국적의 만 17세 이상~21세 미만의 미혼남녀가 지원 대상으로 고등학교 졸업 자격으로 지원하는 대학교이다. 실제로 사관학교는 장교를 만드는 전문 군사교육기관이지만 대학 교육도 한다. 일반대학교처럼 다양하지는 않지만 전공이 있으며, 졸업할 때 그에 맞는 학사를 부여한다. 이것으로 사관학교 졸업자는 대학 졸업자의 자격도 얻는다. 고등학교를 졸업하고 사관학교에 입학한 학생 (생도)은 4년간의 군사 교육과정, 일반대학 전공 과정을 이수하고 졸업과 동시에 정식 군인(장교)으로 임관한다. 4년간의 검증과정을 거치고 졸업과 동시에 장기복무 군인으로 인정받는 것이다.

해군·공군 비행훈련 과정 입과 자격(2022년)

출처 : 해공군 홈페이지

구분	해군항공	공군조종
주요 지원경로	사관후보생 등	학군사관후보생, 학사사관후보생
주요 지원 자격	· 임관일 기준 만 20~27세[3]의 대한 민국 남자 및 여자 · 학사학위 취득(예정)자 또는 이와 동등 이상의 학력 소지자	· 임관일 기준 만 20~27세의 대한 민국 남녀 · 4년제 대학 졸업자 또는 이와 동등 이상의 학력 소지자
의무 복무기간	회전익 10년, 고정익 13년	

마지막으로 장기복무 군인이 되는 방법은 해공군의 비행훈련 과정에 입과해서 비행 자격을 취득하는 것이다. 물론 해군사관학교와 공군사관학교에서 다수의 인원이 해군항공이나 공군조종의 길을 택해 비행훈련에 입과하지만 그 밖의 경로가 없지는 않다. 해군에서는 사관후보생 과정에서 공군은 학군사관후보생(ROTC)과 학사사관후보생에도 비행훈련 과정에 입과 할 수 있다. 물론 입과한다고 해서 모두 비행 과정을 수료하는 것은 아니고 훈련을 모두 이수해야 수료할

3　가) 제대군인 및 사회복무요원을 필한 경우 현역 복무기간에 따라 만 30세까지 지원 가능
　나) 준·부사관 출신인 경우 만 35세까지 지원 가능

수 있다. 이 과정을 수료하면 자동으로 장기복무 장교가 된다. 이후의 군에 남을지에 대한 여부는 본인의 선택이다.

단기복무 장교가 장기복무 또는 복무기간 연장을 지원하는 경우에는 육·해·공군 공통으로 군 인사법 시행규칙에 따라 다음과 같은 선발기준이 있다.

복무기간 연장 선발기준

1. 나이가 법 제15조 제1항에 따른 임용 최고 연령을 초과하지 아니한 사람. 다만, 지원자가 단기복무 장교로 임용될 당시 「제대군인 지원에 관한 법률」 제16조 제1항 및 같은 법 시행령 제19조 각호에 따라 임용 최고 연령을 연장받은 때에는 그 기간만큼 임용 최고 연령을 연장하고, 복무기간 연장을 지원하는 군종장교의 경우에는 38세를 초과하지 아니한 사람으로 한다.
2. 신체조건이 각 군 참모총장(이하 "참모총장"이라 한다)이 정하는 기준에 맞는 사람
3. 군 복무 기간 중 중징계 이상의 처벌이나 3회 이상의 경징계 처분을 받은 사실이 없는 사람
4. 고른 보직 관리를 거친 사람
5. 근무 성적이 우수한 사람
6. 계급에 해당하는 군사 교육과정을 마치고 그 성적이 우수한 사람
7. 장기복무 장교로서 필요한 소양과 품격을 갖춘 사람
8. 그 밖에 참모총장이 정하는 기준에 맞는 사람

장기복무를 지원하는 장교는 위와 같은 선발기준을 거치는 게 대부분일 것이다. 군내에서 사관학교의 비행훈련에 입과하는 인원은

소수이기 때문이다. 장기복무를 지원하는 초급장교는 대부분이 학군사관후보생ROTC, 학사사관후보생(사관후보생), 육군3사관학교나 국군간호사관학교를 졸업한 사람이다. 이들이 장기복무 장교로 선발되기 위해 징계처분이 없어야 하며, 다양한 보직을 통해 다양한 경험을 쌓고 근무성적(평정)도 좋아야 하는 등 여러 가지를 신경 써야 한다. 그 밖에 장기복무 장교로 소양과 품위를 갖춰야 하는데 표에 다양한 내용이 나열되어 있지만, 맡은 일에 최선을 다하고 많은 업무 경험과 함께 장교로서의 자부심도 있어야 한다. 이런 것은 수치화되기 어렵지만 군 생활에 마음과 성의를 다하는 모습을 보이는 게 무엇보다 중요하다.

❸ 장기복무 부사관이 되는 방법

부사관의 경우 장기복무 군인은 군 교육기관에서 고등학교 교육과정을 마쳤거나 또는 지원해 합격한 사람이다. 군에서 운영하는 '고등학교'를 졸업했거나, 장기복무 인원을 '별도로' 뽑는 시험을 통과한 사람만 장기복무 부사관이 된다. 그 밖의 경로를 통해 부사관으로 임관되면 모두 단기복무 부사관이다. 같은 '하사'라도 장기복무자와 단기복무자가 나뉜다. 장교와 마찬가지로 단기복무 부사관이 장기복무를 하려면 장기복무를 신청하고 심사받아야 한다.

만약에 임관하자마자 심사받지 않고 장기복무를 하려면 두 가지 경로를 거쳐야 한다. 하나는 공군 항공과학고등학교(이하 항과고)를 졸업하는 것이다. 항과고는 공군의 전문기술분야를 지탱하기 위해 공군이 설립한 '고등학교'로 고등학교 졸업 후 하사로 임관하고 자동으로 장기복무 부사관이 된다. 그리고 10년의 기간이 의무 복무기간이고, 7년이 되는 해에 한차례 전역을 신청할 기회가 있다. 육군에는 '임관 시 장기복무 부사관'이 있다. 육군 특수병과(특임 보병, 드론 운용 부사관 등) 위주로 선발하며 임관과 동시에 장기복무 군인이 된다.

장기복무에 대한 심사는 부사관도 장교와 마찬가지이다. 각종 교육성적과 근무평정, 군인으로서의 체력검정도 성적이 좋아야 한다. 장교와 다른 한 가지는 자격증의 영향성이 크다는 것이다. 여기서 자격증이란 군에서 자력 점수로 인정하는 자격증으로 자신의 병과와 관련된 자격증인데 이는 웬만해서는 다 승인해준다. 하지만 전혀 연관이 없는 것은 인정받지 못할 수도 있다. 군인으로서 자신에게 맞는 자격증은 '국방망-자기개발정보센터'에서 확인할 수 있다. 이렇듯 자격증은 장기복무 심사 시에 점수의 하나로 활용되는 중요한 수단이며 부사관 임용 시에도 가산점으로 활용된다. 그래서 유효기간이 없는 자격증이라면 미리미리 획득하는 게 마음 편하게 군 생활하는 비결이 될 수 있겠다.

육군 부사관 병과별 자격증 현황

여기까지 직업군인이 무엇인지 그리고 장기복무 군인이 되는 경로에 대해 알아보았다. 직업군인이 되기 위해서 장기복무 군인이 되어야 하며, 장기복무 군인이 되려면 장기복무 심사에서 선발되어야 한다. 그런데 이게 쉽지 않다. 치열한 경쟁을 치러내야 직업군인의 혜택을 받게 된다. 그러니 직업군인이 목표라면 미리 준비하자! 그렇다고 늦을 때란 없다. 법령에서 허용하는 나이 범위 안에 든다면 직업군인을 할 수 있다. 수많은 경로가 있으며 장교든 부사관이든 다양한 방식으로 신규 군인을 모집하고 있다. 다양한 방식으로 장기복무 군인이 되는 경로가 열려있다. 더 자세한 내용은 각 군 모집 홈페이지와 부사관, 장교 관련 인터넷 커뮤니티에서 확인할 수 있다. 부디 천천히 내실 있게 준비해 직업군인의 꿈을 이루기를 바란다.

2. 직업군인이 되기 전 고민 사항

★ ★ ★ ★ ★

❶ 입대 면접에 필요한 세 가지(애국심, 안보관, 절실함)
안보관에는 창의력이 필요하지 않다.

안보란 안전보장의 줄임말로 국가안보란 국가 안전보장이다. 면접 때 군인에게 안보관과 대적관은 선택이 아니라 의무이다. 군인이 아닌 대한민국 국민이면 다양한 생각을 가질 수 있다. 물론 대한민국 국민으로서 애국심이 있어야 하지만 갖지 않는다 해도 살아가는 데 지장은 없다. 하지만 군인은 애국심이 있어야 하며 이것은 의무이다. 필요에 따라 달라져서는 안 된다. 선택이 아니라 의무가 되어야 한다. 특히 외부의 위협으로부터 국가를 방어하는(그래서 국방부라 칭함) 임무를 맡은 군인은 위협, 즉 적과 안보에 대한 명확하고 일치된 생각을 가져야 한다. 대한민국을 위협하는 적을 명확하게 인식해야 하며 적에 대해 창의적인 생각은 허용될 수 없다. 창의성이 강조되는 세상에서도 말이다. 이것이 자신 없다면 군인을 선택하지 않는 것이 맞다. 면접에서도 그런 모습을 보여야 한다. 다양한 개성 있는 개인이 모이는 군대에서 개인의 다양성과 개성을 존중해야 하지만 물러설 수 없는 부분은 명확하다.

가장 중요한 건 절실함이다

면접에서 가장 중요한 것은 절실함이라고 단언한다. 이건 어디서나 그럴 것이다. 선발하는 위치에서 되고자 노력하는 지원자에게 높은 점수와 호감을 주는 것은 당연하다. 실제로 더 높은 갈망을 보이는 사람이 입대해서도 더 열심히 할 가능성이 높다. 명문대 출신이며 시험점수가 더 높아도 의지를 보이지 않는다면 합격을 보장받기는 어렵다.

❷ 군알못을 위한 군대 참고서, 국방백서

군대를 잘 모르는 사람이 있을 것이다. 군대는 단순히 '나라를 지키는 집단', 군인은 명절 때 언론매체로 보는 '휴전선 철책을 순찰하는 사람'이라고 생각할 수 있다. 물론 이런 시선이 틀린 건 아니다. 대한민국을 지키는 것이 군대, 군인의 일이고 존재의 목적이다. 하지만 그것이 전부는 아니다.

이런 다양한 군대 내의 활동을 폭넓게 알고 싶다면 「국방백서」를 읽어보는 것을 추천한다. 국방백서 Defense White Paper 는 사전적인 의미로 '국민에게 국방정책을 알리기 위해 국방부에서 발행하는 보고서 형태의 책자'이다. 즉, 국방정책에 대한 국민적 안보 공감대 형성과 국방정책의 투명성 확보를 통한 국제적 신뢰 조성 및 군사협력 증진, 완벽한 군사대비태세 등 국방정책을 국민에게 알릴 목적으로 국방부에서 발행하는 일종의 보고서이다. 일반인을 대상으로 만들어져 군대에 대한 배경지식이 없어도 이해하기 어렵지 않다. 군대를 이해하기 위한 일종의 참고서인 셈이다.

✚ 국방백서

백서는 한반도의 안보환경 분석과 그에 따른 대응방안 제시가 주를 이룬다. 우선 한반도의 안전보장을 위협하는 요소를 식별한다. 그에 대한 국가안보 전략과 국방정책을 소개하고 장기적인 발전 방향을 제시한다. 현재 국방의 모습과 미래 국방의 모습을 한 번에 확인할 수 있다. 짧은 시간에 국방에 대한 배경지식을 습득할 수 있는데, 가깝게는 군대 면접에 활용할 소재를 제공해주고 향후 군대 생활하는데 큰 동기부여가 될 것이다. 완독할 필요는 없다. 읽고 싶은 부분만 읽어도 된다. 배경지식이 없는 상태에서 읽는다면 더 쉽게 지칠수 있다. 우선 필요한 부분만 발췌해서 읽고 차후에 궁금증이 생기면 더 읽는 방법을 추천한다.

❸ 사관학교, 3사관학교, 학군단의 차이는?

우리 소대장은 OO 출신이야. OO 출신(장교)은 다르다니까!

(ex. 차량 이동 시 선탑자⁴로 옆에 태웠을 때)

OO 출신 : 가는 길에 대한 숙지사항을 미리 확인하고 출발한다.

XX 출신 : 일단 출발, 길을 잘못 들어서면 대로한다.

DD 출신 : 점심때 어느 맛집에 들를지 얘기한다.

군대에서 흔히 하는 말 중 하나이다. 각자의 지휘관이나 상급자가 다르니, 비교하게 되는데 그 비교는 출신에까지 이어진다. 심지어는

---

4 운전자와 동승해 운전을 통제하고 감독하는 사람

'OO 출신이어서 저렇다! 이렇다!' 수준의 확언에 가까운 단정을 한다. 그래서 대응 방식이 출신별로 다르다는 우스갯소리까지 나온다. '이런 게 정말 사실일까?', '왜 출신에 따라 차이가 발생할까?', '정말 다른가?'하고 궁금할 것이다. 결론적으로 말하자면 '그럴 수 있다!'

하지만 이 말이 적극적인 긍정을 뜻하는 것은 아니다. 'OO 출신은 획일적으로 OO하고, XX 출신은 XX한다'라는 무조건적인 단정은 아니다. 인간이 기계도 아니고 똑같은 방식으로 움직이지는 않을 것이다. 그런데도 '대체로 XX 출신은 이런 사람이 많더라!'라는 말은 맞을 수도 있다. 그렇다면 왜 이럴까?

사관학교 차이점

출처 : 사관학교 설치법, 육군3사관학교 설치법, 학생군사교육실시령 등

구분	사관학교	학군사관	학사사관	3사관 학교	국군 간호 사관학교
군 종류	육·해·공군			육군	국군 (군종 구별없음)
교육 기간	4년	2년	4개월	2년	4년
설립목적	장기복무 장교 양성	단기복무 장교 양성	단기복무 장교 양성	중기복무 장교 양성	중기복무 장교 양성
임관 후 의무 복무기간	10년(5년 차 전역기회 부여)	육) 2년 4개월 해) 2년, 공)3년	3년	6년	6년
임관 후 계급	소위				

이것은 당사자가 받은 교육과 경험 그리고 마음가짐이 다르기 때문이다. 단순히 개인 인성과 능력의 차이라고 보기에 무리가 따른다. 그런 의미에서 각 출신에 대해 알아보자! 각 장교의 출신을 알아봄으

로써 그들을 잘 이해하고 내가 장교가 되고자 한다면 어디로 가야 하는지도 알 수 있을 것이다. 장교 출신 중 대표적인 사관학교, 학군사관, 학사장교를 알아보고 그들의 특성과 차이점을 이해하자!

대한민국 국군 소위부터 시작한다

사관학교, 학군사관, 학사사관이든 임관 후에는 모두 장교의 첫 계급인 '소위'가 된다. OO 출신이라고 중위로 임관하거나, 대위로 임관하는 경우는 없다. 물론, 군의관 등 특수한 직군에 대해서 중위 이상의 계급으로 시작하기도 하지만 일반적인 게 아니다. 출신만 놓고 비교하는 것이니 모두 같은 소위로 임관한다고 생각하자! 같은 계급인만큼 같은 대우를 받는다. 대한민국 OO 군 소위로 같은 임금과 같은 급수의 공무원으로 대우받는다. 어디 출신이라고 객관적으로 달라지는 건 없다.

장기복무 장교냐 아니냐로 분류된다

하지만 시간이 지나고 소위에서 중위 진급하면서 달라진다. 달라진다는 건 장기복무를 하느냐 안 하느냐의 차이를 의미한다. 장기복무자는 중위에서 상위 단계인 대위로 진출하고, 반대로 단기복무자는 대개 중위에서 전역해 사회로 복귀한다. 이는 보통 출신에 따라구분되는 경우가 많다. 곧 OO 출신이면 장기복무하고, OO 출신이면 대개 단기복무로 그친다. 이는 출신별로 군인의 양성 목적이 다르기 때문이다.

기관별로 양성 목적이 조금씩 다르다

모두 같은 장교 양성기관이고 졸업 및 임관하면 소위라는 계급장을 단다. 하지만 각 교육기관 별로 목표가 다르다. '장기복무 장교 양성하는 기관이냐? 아니면 단기장교를 양성하는 기관이냐?' 하는 차이다. 물론 나중에 군 생활을 하다 장기복무로 전환할 기회는 충분하다. 처음에 장기복무 장교로 교육받았더라도 그만둘 수도 있다. 여기서는 순수하게 각 기관의 목적만 말하겠다. 군대에 오래 있을 사람을 양성하는 곳과 의무 복무를 장교로 하는 사람을 양성하는 곳이 다른 것은 당연하다. 교육 프로그램도 다르고, 교육 기간도 다르다.

장기복무 장교를 기르는 대표적인 군사교육기관은 사관학교이다. 사관학교는 군별로 있는데 육·해·공군 사관학교이다. 사관학교는 각 군의 장기복무 장교, 즉 직업으로 군인 장교를 할 사람을 양성하기 때문에 타 출신보다 교육 기간이 길고 의무 복무기간도 길다.

사관학교를 제외하고는 단기복무 장교를 기르는 교육기관이다. 국민의 의무로 군대에 오는 장교를 양성하는 기관이다. 대표적으로 학군사관[5], 학사사관, 육군3사관학교가 있다. 학군사관은 학군단이 설치된 4년제 대학에 재학 중인 학생을 선발해 2년간 군사교육하고 졸업과 동시에 장교로 임관하는 제도이다. 흔히 대학생이라면 교내에서 제복을 입고 다니는 그들의 모습을 생각하면 되겠다.

학사사관은 학사 이상의 학위 소지자를 대상으로 소정의 양성과정을 거친 후 소위로 임관하는 제도이다. 대학교 졸업자 또는 졸업예

---

5 ROTC(Reserve Officers' Training Corps)

정자라면 학사사관으로 지원할 수 있다. 이들은 약 4개월간의 군사훈련을 통해 소위로 임관한다.

이번에는 제3사관학교이다. 정식 명칭은 육군3사관학교로 육군에 있는 사관학교이다. 특이하게 육군에만 사관학교가 두 개 있다. 육군3사관학교에서 3의 의미는 세 번째 사관학교라는 의미이다.[6] 동일한 사관학교지만 육군사관학교와는 조금 다르다. 우선 교육 기간이 2년으로 비교적 짧고, 육사가 고등학교 졸업자 또는 졸업예정자는 대상을 선발하는 데 비해 대학교 2학년 이상 수료자 또는 수료 예정자 중 선발해서 2년의 군사교육을 통해 장교로 임관한다. 또 다른 점은 의무 복무기간이 육사에 비해 상대적으로 짧다는 것이다. 하지만 학군사관이나 학사사관보다는 좀 더 긴 중기복무 장교의 성격을 갖는다.

마지막으로 국군 간호사관학교는 간호장교를 전문적으로 양성하는 사관학교다. 간호사관학교는 육해공 사관학교와 동일하게 4년 사관생도 교육기간을 운영하고 있다. 사관생도는 군사교육과 간호 전문가 교육을 동시에 받으며, 교육 이수 후 대한민국 국군 소위로 임관하게 된다. 임관 후에는 전문화 교육[7]을 거쳐 현장 간호전문가로서 활약하게 된다.

특이한 점은 간호사관학교가 특정 군에 속하지 않는다는 점이다. 육·해·공군 사관학교나 육군3사관학교 등은 모두 특정 군에 소속되

---

6 육군사관학교를 1사관학교라 생각하고 새로 만든 사관학교에 순번을 붙였다. 육군2사관학교는 1968년에 3사관학교와 동시에 창설되었으나, 1972년 3사관학교에 통합되었다.

7 간호 초군반, 간호 고군반, 분야별 간호 주특기 전문교육 등

어 있지만 간호 사관학교는 국방부 직할부대로 국방부에서 직접 관할한다. 이는 '간호'라는 업무가 특정 군의 업무가 아닌 공통으로 필요한 업무이기 때문일 것이다. 이런 이유로 간호 사관학교 사관생도는 졸업 후에 자신의 희망과 각 군의 공석[10]에 따라 육해공군 장교로 고루 임관한다.

또 다른 차이는 장기복무장교가 아니라는 점이다. 육·해·공군 사관학교는 임관과 동시에 장기복무 장교가 되지만 간호사관학교 졸업생은 단기복무 장교로 상대적으로 짧은 의무 복무기간을 갖는다. 육군3사관학교와 동일한 6년이다. 따라서 직업군인의 삶을 살고 싶다면 별도의 장기복무 심사를 받아야 하며 심사받지 않으면 대위로 전역하게 된다. 전역 후에는 민간병원 간호사, 석박사 과정을 이수하여 대학으로 진출, 임용시험을 거쳐 각급 학교 보건교사가 되는 등 간호 분야 특유의 전문성을 바탕으로 활발한 사회진출이 가능하다.

이런 여러가지 환경이 군필자가 말하는 출신 간의 차이를 유발하는 큰 요인이 된다. 장기복무를 하려는 자와 단기복무에서 그치는 자의 마음가짐이 다른 것이다. 그리고 군사교육 수준과 기간에 따라 숙련도가 달라질 수 있다. 또한 경험에 따라 리더십의 정도가 깊고 얕을 수도 있겠다. 단순히 군대에서 본 모습이 그 사람의 본래 능력이라고 생각해서는 안 되는 이유이다. 더욱이 이런 분류는 출신에 따라 맹목적으로 분류한 것이므로 짧은 기간에 개인이 경험한 것에 지나지 않을 수 있다. 전체를 대변하지 않는다. 실제로 단기복무자라도 매사에 최선을 다하는 사람도 많다. 마찬가지로 장기복무자라도 열정적이지 않은 사람도 있다. 군대도 여러 종류의 사람이 있으니 같은 출신이라도 다양한 개성을 가지며 그들의 대응 방식은 다를 수 있다. 불필요한 선입견을 품을 필요는 없으며 그냥 우스갯소리로 넘기면 그만이다. 단지 장교로 군 생활을 하고 싶다면 알고 있으면 도움이 될 만한 내용이다. 이 밖에도 간부사관 등 수많은 장교가 되는 경로가 있다. 각각의 특징을 살펴보고 자신에게 도움이 되는 방향으로 선택하고 활용하는 것을 추천한다.

3. 직업군인의 전문성

　사무엘 헌팅턴Samuel P. Huntington은 1927년에 태어나 23세에 하버드 대학에서 박사학위를 받은 천재 정치학자이다. 그는 도서 「군인과 국가)로 전 세계에 이름을 날리고 이후 '변동하는 사회의 정치질서', '제3의 민주화 물결', '문명의 충돌', '우리는 누구인가' 등 다양한 저서를 남기고 2008년 매사추세츠에서 영면했다. 저자는 전문직업으로서 군인(장교)에 대해 타 직업과는 엄연히 분리된 군인의 영역을 강조한다. 또한 그 영역에서 활동하는 '군인'이라는 존재를 전문집단으로 중요성을 인정한다. 그는 직업군인을 전문성Expertise, 책임성Responsibility, 단체성Coporateness을 가진 전문직업의 이념형을 갖춘 전문직업으로 분류했다. 이 책에서 저자는 장교Officer를 위주로 설명하지만, 직업군인이라는 넓은 의미로 봤을 때 충분히 부사관에게도 적용할 수 있는 내용을 담고 있다.

1 전문성(무력 관리)

민간인과 장교를 구분하는 가장 중요한 기능은 아마도 '무력武力의 관리'일 것이다. 군대의 기능이 고도의 전문적 위계질서를 요구하는 것은 두말할 것도 없을 것이다. 어떤 개인의 천부적 재능이 아무리 뛰어나고 통솔법이 특출하다고 하더라도 상당한 경험과 훈련을 받지 않으면 이런 기능을 수행할 수 없다. 근대화에 따라 무력 관리가 극도로 복잡해지기 전까지 특수한 훈련을 받지 않아도 장교 업무를 소화할 수 있었다. 그러나 이제는 이 업무에 자기의 모든 시간을 소비하는 사람만이 상당한 수준의 직업적 능력으로 발전시킬 수 있다. 군의 전문성은 무력 관리로 대조직을 움직여 폭력을 관리하는 기술의 전문가이다. 군인은 의사와 같은 고도의 전문가로 아무나 할 수 있는 것이 아니며 사회의 안전보장을 책임진다.

직업군인은 전문성을 갖춰야 한다. 폭력의 수단이 되는 무기와 인력을 관리하는 능력을 지속해서 키우고 능숙하게 사용하도록 능력을 키워야 한다. 직업군인이 된 것에 멈추지 않고 배우고 익히고 노련하게 사용할 수 있어야 한다. 기본적인 군대의 단위인 사람에 대한 관리기술을 익히고, 새로운 무기체계Weapon System에 관해 공부해야 한다. 모든 것이 그렇지만 군대의 환경도 변한다. 현재도 국력의 한 척

도인 군사력이 지속해 개선되고 있다. 그에 따라 우리나라 군도 계속 변화하고 있으며 이러한 변화에 잘 따르기 위해 배우려는 자세가 필요하다.

공무원과 군인이 가장 크게 다른 점은 폭력을 다룬다는 점이다. 기본적으로 폭력은 불법인데, 군인은 합법적으로 폭력을 다루며 이는 국가가 보장한 권한이다. 이런 특성을 알고 오히려 사려 깊고 조심스럽게 무력을 사용해야 한다. 여기에서 폭력이란 인력과 무기를 모두 포함한다. 그러니 구성원에게 강함을 요구할 수밖에 없다. 강함이란 신체적인 강함일 수도 있고 정신적인 강함일 수도 있다. 각각의 강함이 어떤 것인지에 대해서는 이론의 여지가 많지만 이를 키워야 한다. 군인은 그래서 이것을 키우는데 열린 자세를 갖고 있어야 하며 강해져야 한다고 늘 생각해야 한다.

② 책임성(사회의 안전보장)

장교의 전문성을 자신의 이익을 위해 함부로 사용한다면 사회조직이 파괴되므로 그에게 특수한 사회적 책임을 부과한다. 이런 이유로 사회적으로 인정될 경우에만 장교의 전문성이 필요하다. 이러한 장교의 기능은 무력의 관리이며 그의 책임은 사회의 안전보장이다.

군인은 공적인 책임감을 느껴야 한다. 군인의 존재 이유는 사회와 국가의 안전보장이다. 군인이 자신이 직무를 제대로 수행하지 못하면 자신의 이익이 아닌 사회의 안전보장에 부정적인 영향을 준다. 공적인 역할이기 때문에 아무리 낮은 계급이라도 군의 명예와 존재 이유에 부정적인 영향을 미칠 수 있다. 자신이 어떤 자리, 어떤 계급에 있든지 성심을 갖고 최선을 다해야 한다.

③ 단체성(관료화된 전문직업)

장교제도는 관료화된 전문직업이다. 이 직업의 법적 권리는 신중하게 선발된 단체 구성원에게만 주어진다. 장교단의 단체 성격은 공공활동, 클럽, 협회, 학교, 정기간행물, 습관 및 전통에서 찾아볼 수 있다. 통상적으로 장교는 다른 사회와 떨어져 생활하며 업무를 수행한다. 대개의 다른 전문직업인보다 직업 이외의 사람과 접촉이 적다.

장교단은 전문직업인인 동시에 관료적인 조직에 속한다. 이 조직의 내부에서 직무는 직위 서열에 의해 결정된다. 계급은 개인에게 부여된 특권으로 경험, 연공, 교육 및 능력에 의해 책정되는데 그의 업적을 반영하고 있다. 모든 관료제에 있어 권위는 직위에서 유래한다. 반면에 장교는 계급에 상응한 일정한 업무나 기능을 수행하도록 인가되어 있다. 장교단의 서열은 직위보다 계급에 우선한다.

군도 결국 관료조직이다. 일정한 계급과 직위에 따라 권한과 임무가 구분되며 개인은 조직의 구성원으로서 자신의 권한과 임무를 알고 그것의 테두리 내에서 수행해야 한다. 조직에서 자신에게 주어진 임무에 대해 특정 자격이 주어진 개인들이 업무를 수행한다.

그렇다면 공무원이나 회사원과 어떤 게 다를까? 공무원이나 직장인도 대부분 관료화된 조직에서 생활하는데 공공조직이나 민간 기업의 그것과는 무엇이 다른가? 앞에도 명시되었듯이 범위가 더 넓다는 것이다. 군인 조직은 단순히 업무과 업무 외적인 부분도 하나의 사회를 형성하는데 일종의 자체 생활권이라고도 할 수 있겠다. 가령 종교, 생활 범위, 숙박이나 사적인 영역도 조직을 형성하고 그 안에서 단체를 형성한다. 보통 부대 안에 관사 등 퇴근 후 쉬는 공간도 있다. 퇴근 후에도 사무실 사람과 마주치니 '다른 집단과의 접촉이 적다'라는 것이다.

또 다른 점은 계급 중심이라는 것이다. 계급이 하나의 역할을 의미하는데, 모두 그런 것은 아니지만 대부분은 계급이 있고 그 계급에 맞는 역할을 준다. 즉, 먼저 역할을 주고 그에 맞는 계급이 주어지는 것이 아니다. 이는 계급에 맞는 역할이 명확히 있다는 것이고 그것에 맞게 군인은 업무를 수행해나간다.

정리하자면 직업 군인은 무력을 관리하는 전문직으로 기술이 발전하고 군대가 발전할수록 군인에게 정교한 군사능력이 필요하며 동시에 사회의 안전보장이라는 성스러운 임무를 하는 직업군이다.

마지막으로 단체성이 아주 강한 관료집단으로 보이는 다른 집단과 직업군인은 명확하게 구분된다. 단순히 여타의 직업 중 하나가 아니라는 것이다. 직업군인이 되려면 이러한 특성과 적성을 고려해 진로를 선택해야 한다. 이미 선택했다면 그 조직의 특성에 맞는 군 생활을 해야 한다.

노력하고, 적응하며, 자부심을 갖는다면 적지 않은 보람을 느낄 수 있을 것이다.

4. 직업군인의 봉급과 연금

1 박 군의 연금은 정말 30억일까?

"가수가 되기 위해 30억 원을 포기했습니다."

박 군은 특전사 소속 직업군인이었지만 가수가 되기 위해 직업군인을 그만두었다. 군인은 겸업이 원칙적으로 금지되어 있어 가수를 병행할 수 없기 때문이다. 가수를 하려면 군인을 그만둬야 하니 동시에 군인의 혜택도 내려놓아야 한다. 군인의 혜택에는 봉급과 군인연금이 대표적이다. 여기에서 만약 직업군인을 유지했다면, 받을 수 있는 봉급과 퇴직 후의 군인연금을 합산한 것을 '기회비용'이라 할 수 있겠다.

그렇다면 박 군의 기회비용이 실제로 30억 원이 될까? 즉, 그가 제대하지 않았을 경우 매달 받는 봉급과 퇴직 후 받는 연금의 합이 30억이 될 수 있을까? 물론 봉급과 연금은 보직, 계급, 연차, 수당 등에 따라 천차만별이므로 정확한 수치를 산출하기 어렵다. 다만 몇 가지 가정을 세운다면 대략적인 추정은 가능하다.

② 재직 시의 총 수령 금액(봉급+수당)

먼저 군 생활을 지속했을 때 받을 수 있는 봉급을 알아보자. 특전사 출신의 직업군인은 특정직 공무원으로 보장된 정년까지 군 생활의 지속이 가능하다. 만약 만 34세에서 만 55세까지 약 21년간 봉급을 받고 만 55세인 2040년에 제대한다. 그때까지 받는 봉급의 총합은 추정할 수 있다. 물론 2040년에 전역을 앞둔 원사가 봉급이 얼마인지는 정확히 알 수 없다.[8] 나머지 군 생활 21년 동안 준위까지 진급하지 않고 원사로 복무한다면 총 수령액(본봉+수당)은 다음과 같다.

총 수령액=(2020년 본봉×15[9])+(2021년 본봉×15)+ ⋯ +(2040년 본봉×15)

미래의 본봉을 비슷하게나마 추측하기 위해서는 봉급 인상률과 호봉을 고려해야 한다. 10년간 평균 봉급 인상률[10]과 매년 상승하는

---

8 하사에서 중사로 진급 시 2호봉, 중사에서 상사로 진급 시 3호봉, 상사에서 원사로 진급 시 5호봉이 삭감된다. 즉 상사 7호봉에서 원사로 진급했을 경우 원사 2호봉이 된다.

9 12개월의 봉급, 정근수당 2번(봉급의 100%), 성과금 평균(봉급의 130%) 외 각종 수당(약 70%)을 포함하면 약 1년 총수령액은 본봉의 15배라고 가정할 수 있다.

10 2.44%, 2013~2022년 평균 공무원 봉급 인상률

호봉을 고려해 예측한 본봉은 아래 표와 같다.

　박 군이 제대하지 않고 바로 원사로 진급했을 경우 2020년 원사 2호봉으로 시작한다.[11] 예측한 연봉으로 21년간의 총수령액을 계산하면 1,723,568,784원이다. 박 군이 그만두지 않았을 경우, 받을 총액은 약 17.23억 원이다. 물론 진급에서 누락하지 않고 원사로 진급했다고 가정한 금액이다. 하지만 약 21년의 복무기간을 고려했을 때는 유효하고 합리적인 수치라고 판단된다.

박 군의 본봉 추정치

* 본봉 인상률 2.44% 고려

연도	호봉	급여	연도	호봉	급여
2020	2호봉	3,227,700	2031	13호봉	5,779,523
2021	3호봉	3,492,073	2032	14호봉	6,057,349
2022	4호봉	3,684,780	2033	15호봉	6,345,292
2023	5호봉	3,884,811	2034	16호봉	6,500,117
2024	6호봉	4,092,411	2035	17호봉	6,658,720
2025	7호봉	4,307,828	2036	18호봉	6,821,193
2026	8호봉	4,531,322	2037	19호봉	6,987,630
2027	9호봉	4,763,157	2038	20호봉	7,158,128
2028	10호봉	5,003,608	2039	21호봉	7,332,786
2029	11호봉	5,252,957	2040	22호봉	7,511,706
2030	12호봉	5,511,495			

---

11 박 군의 원사 전 근무연수는 14년 이상으로 원사 2호봉 적용(군인보수법 호봉승급기준)

③ 퇴직연금

군인은 퇴직 후에 퇴직연금을 받는다. 일반적으로 19년 6개월 이상 복무하고 퇴직한 군인'은 매월 일정액의 연금을 수령한다. 박 군이 군 생활을 무사히 마치고 연금을 수령한다면 퇴직연금은 얼마일까? 퇴직연금 계산식은 아래와 같다.

최초연금액=[시행 이전 3년 평균 보수월액×(50%+(시행 이전 복무기간-20년×1년당 2%)]+[시행 이후 기간 평균기준소득월액×(시행 이후 복무기간×1년당 1.9%)×이행률]

·평균보수월액: 복무기간 중 마지막 36개월간 보수월액을 퇴역 당시 현재가치로 환산하여 그 합계액을 해당월수로 나눈 것
·평균기준소득월액: 복무기간에 매년 기준소득월액을 군인 보수인상률 등을 고려 급여의 사유가 발생한 날의 현재가치로 환산하여 그 합계액을 해당 복무기간으로 나눈 것

군인연금 홈페이지

전문용어가 있어서 한눈에 이해하기 어렵다. 하지만 몇 가지 단어와 맥락을 살펴보면 이해하기가 한결 편하다. 2013년 7월 1일 기준으로 군인연금법이 개정되어 퇴역 연금 계산법이 달라졌다.[12] 핵심

---

12 '퇴직 전 3년 평균 보수월액'에서 13년 7월 1일 기준으로 '전 기간 평균 기준소득월액'으로 변경됨. 기존에는 연금 계산의 기간이 '퇴직 직전 3년'이었다면 이제는 '전 기간'이다.

내용은 연금액 산정을 위한 '기준금액'이 달라졌는데, 13년 7월 1일 이전에 퇴직하거나 이후에 임관(입대)한 군인의 연금 계산법은 간단하다. 하지만 대부분 군인이 군인연금법 개정 전에 입대했으니 계산이 복잡해진다. 박 군도 마찬가지다. 그는 2005년에 임관해서 2019년에 퇴직했다. 즉 개정법[13] 시행 기간 전후에 모두 군 생활을 한 박 군은 두 개의 다른 '기준금액'으로 연금이 계산된다.

박 군의 연도별 군 계급 추정

연도	2005~2006	2007~2011	2012~2019	2020~2040
계급	하사	중사	상사	원사
호봉	하사 2년	중사 1~5호봉	상사 1~8호봉	원사 2~15호봉

물론 박 군은 약 15년 복무했으므로 퇴직연금 수령 대상자는 아니다. 하지만 특별한 사유가 아니면 19년 6개월 이상 복무가 가능했으므로 퇴직연금을 탈 수 있는 충분한 자격이 된다. 앞의 가정과 동일하게 원사로 제대한다면 2041년, 약 만 56세의 나이부터 퇴직연금을 받을 수 있다. 법 시행일 이전 3년은 박 군으로서는 중사 5호봉에서 상사 2호봉에 달하는 기간이며 시행일 이후 전 기간은 상사 3호봉부터 원사로 전역까지의 기간은 27년이다.

---

13 국방부는 연금 지급액을 현행대로 받도록 지급기준을 바꾸되 이행률을 조정했다. 연금 지급액 산정의 기준보수와 지급률을 '퇴역 전 3년 평균 보수월액의 50%(20년 복무 기준)'에서 '전 기간 평균 기준소득월액에 재직기간과 1.9%를 곱한 금액'으로 바꾸었다.

박 군의 최초연금액=[중사 5호봉에서 상사 2호봉까지 3년 평균보수월액×

(50%+(-12%)×1년당 2%]+[상사 3호봉에서 전역 시(27년)

평균기준소득월액×(27%×1년당 1.9%)×이행률]

중사 5호봉부터 상사 2호봉까지 3년간 평균 보수월액은 해당 기간의 총수령액에서 36개월로 나눈 값이다. 평균기준소득월액도 해당 기간(27년) 총수령액에서 324개월로 나눈 값이다. 이행률을 1로 가정하면 2040년 기준 35년의 군 생활을 마친 박 군이 받는 최초 연금액은 매월 세전 439만 원 수준으로 산출할 수 있다.

죽을 때까지 받는 총금액의 계산 방법은 박 군이 80세 또는 100세까지 산다고 가정했을 경우에 다음과 같다.

총연금 수령액(80세까지)
$$=4{,}392{,}935 \times 12개월 \times \sum_{k=0}^{25} (1+전국소비자물가변동률\ 1.33(\%)/100)^K$$
$$=1{,}624{,}669{,}392$$

총연금 수령액(100세까지)
$$=4{,}392{,}935 \times 12개월 \times \sum_{k=0}^{45} (1+전국소비자물가변동률\ 1.33(\%)/100)^K$$
$$=3{,}314{,}822{,}858$$

80세까지 받는 연금 총액은 약 16억 원, 100세까지 받는 연금 총액은 33억에 달하는 것을 알 수 있다. 물론 빠른 승진 등 좋은 조건에서 나온 수치라는 사실을 다시 한번 강조한다. 2040년까지 높은 소비자물가변동률(상승률), 높은 이행률, 무엇보다도 박 군이 초고속으로 승진하고 퇴역한 뒤 장수한다는 가정 아래에 나오는 수치이다.

2040년 기준 군인 봉급표 추정

구분	원사	상사	중사	하사
1호봉	4,876,078	3,372,434	2,720,078	2,589,823
2호봉	5,031,952	3,521,980	2,859,902	2,634,116
3호봉	5,187,826	3,671,527	2,999,725	2,678,409
4호봉	5,343,700	3,821,073	3,139,549	2,722,702
5호봉	5,499,574	3,970,620	3,279,373	2,766,995
6호봉	5,655,448	4,120,166	3,419,196	2,811,288
7호봉	5,811,322	4,269,712	3,559,020	2,855,580
8호봉	5,967,196	4,419,259	3,698,843	2,899,873
9호봉	6,123,070	4,568,805	3,838,667	2,944,166
10호봉	6,278,944	4,718,352	3,978,490	2,988,459
11호봉	6,434,818	4,867,898	4,118,314	
12호봉	6,590,691	5,017,445	4,258,138	
13호봉	6,746,565	5,166,991	4,397,961	
14호봉	6,902,439	5,316,537	4,537,785	
15호봉	7,058,313	5,466,084	4,677,608	
16호봉		5,615,630	4,817,432	
17호봉		5,765,177	4,957,256	
18호봉		5,914,723	5,097,079	
19호봉		6,064,270	5,236,903	
20호봉			5,376,726	
21호봉			5,516,550	
22호봉			5,656,374	

❹ 총 예상 수령액은?

박 군이 군 생활을 지속하면 받을 총 봉급(수당 포함)과 전역 후의 연금은 이행률을 1로 가정해 더하면 80세까지 받을 수 있는 총액이 3,348,238,177원으로 대략 33억이며, 100세까지 받을 수 있는 총액은 5,038,391,643원으로 대략 50억이 예상된다.

더 높은 계급인 준위로 제대하거나, 해외로 파병을 간다면 그에 비례해 금액은 더 높아질 수 있다. 따라서 박 군이 언급한 '30억 포기 발언'은 허언이 아님을 알 수 있다. 그가 내려놓은 것은 절대 작지 않은 금액과 시간이다.

물론 이 계산이 정확한 것은 아니다. 우선 이행률이라는 개념을 적용하지 않았다. 이행률은 '평균 보수월액'[14]과 '기준소득월액'[15]의 차이를 최소화하기 위한 일종의 보정값이다.[16] 기준소득월액이 포함하는 수당의 범위가 보수월액보다 넓다. 그만큼 연금을 산정하는 기준 금액이 커질 가능성이 더 크다. 이것을 방지하기 위해 이행률을 곱해서 보수월액만큼 환산한다. 이행률은 현재 공개되어 있지 않아 계산식에 적용이 불가하나 약 0.5~1 정도라고 추정한다. 그리고 봉급과 수당은 계급에 비례하므로 진급이 늦어지거나 도중에 휴직한다면 계산보다 낮아진다. 결과적으로 실제 수령 금액은 더 적을 수도 있다.

하지만 아주 비슷하게 추정한 값이고 박 군의 주장이 터무니없는

---

14 보수월액은 군인의 계급과 복무기간에 따라 지급되는 봉급여액으로서 봉급과 상여금의 연지급액을 12로 평균한 액 및 대통령령으로 정하는 수당액을 합한 액을 말한다.

15 '기준소득월액'이란 기여금 및 급여 산정의 기준이 되는 것으로서 일정 기간 복무하고 얻은 소득 중 과세소득의 연지급합계액을 12개월로 평균한 금액을 말한다.

16 평균보수월액, 평균기준소득보수월액

주장인지 아닌지를 가늠하는 기준은 될 수 있겠다. 이번 장에서는 경제적인 측면에서 직업군인을 설명했다. 이것이 직업군인을 고민하는 이들에게 충분한 정보가 되길 바란다.

군인은 왜 상대적으로 고액인 연금을 받을까?

5. 직업군인의 혜택

❶ 국가공무원으로서 안정적인 직장 보장

직업군인은 공무원이며 더 정확히 말하면 특정직 공무원이다. 공무원은 크게 일반직 공무원, 특정직 공무원[17]으로 나뉜다. 특정직 공무원은 특수분야를 담당하는데 군인은 국방이라는 특수분야를 담당한다. 공무원이므로 신분이 보장되며 계급에 따라 다르지만, 장기복무자로 선발됨과 동시에 일정 기간 해고되지 않고 안정적인 신분과 소득이 보장된다.

---

17 법관, 검사, 외무공무원, 경찰공무원, 소방공무원, 교육공무원, 군인, 군무원, 국가정보원의 직원과 기타 특수분야 담당으로 법률이 특정직 공무원으로 지정하는 경력직 공무원을 말한다. 실적과 자격에 의해 임용되고 신분이 보장되는 것은 일반 공무원과 같지만, 직무에 필요한 자격, 복무규율, 정년, 보수체계, 신분보장 등 특수성을 인정해야 하는 공무원이다.

② 20년 복무 시 연금 수령

직업군인의 또 다른 특징은 20년 복무하면 바로 연금 수령 대상자가 되는 것이다. 20년 근무 후 퇴직하면 다음 달부터 바로 연금이 나온다. 일반직 공무원이 연금 개시시기가 65세임을 생각한다면 이것은 큰 장점이다. 추가로 더 복무하면 연금이 더 불어나는 것은 당연하다. 정년으로 은퇴하면 100세 시대에 노후를 든든하게 보장받을 수 있다.

③ 군 간부 숙소 및 관사

군인의 또 다른 장점은 살 곳이 마련된다는 점이다. 독신자에게는 독신자 숙소[18]가 주어지고, 기혼자에게는 관사가 제공된다. 거의 무료에 가까운 금액으로 입주가 가능하니 요즘 청년들이 가장 힘들어하는 집에 대한 문제가 해결된다. 집이 있어야 결혼할 텐데 군인은 기본적인 집이 해결되어 안정된 주거를 기반으로 삶을 일찍 설계할 수 있다.

④ 자기계발 기회 제공(대학 등록금 지원 등)

장기복무 군인을 대상으로 여러 가지 자기계발 제도를 운용하는데 대학교와 대학원의 등록금을 지원한다. 위탁교육제도를 활용해

---

18 BNQ(Bachelor Nonofficer Quarters):부사관 대상 독신자 숙소, BOQ(Bachelor Officer Quarters):장교 대상 독신자 간부 숙소

일정 기간 군 생활을 하지 않고 학위 공부에 전념할 수도 있다. 군대에 있다고 해서 학력과 능력이 멈춘다고 생각하는 건 맞지 않는다. 자신의 의지만 있다면 학력과 능력을 키울 수 있다.

5 의료·진료 혜택

의료·진료 혜택도 빠질 수 없다. 본인과 부양자는 의료보험에 대한 혜택을 받고, 군인 가족도 군 병원을 이용할 수 있다. 본인이 근무하는 부대 또는 전국 주요 거점[19]에 있는 군 병원 이용 시에 무료 진료를 받을 수 있다.

6 경제적 혜택(군인공제회 회원 퇴직급여)

직업군인이 받는 경제적인 혜택으로 군인공제회가 있다. 군인공제회는 군인과 군 관계자를 회원으로 하는 복지기관으로 군의 복지 증진을 목적으로 1984년 세워진 비영리 공익법인이다. 군인공제회는 여러 개의 금융상품을 운용하는데 그중에서 주목할 것은 '회원 퇴직급여'이다. 회원 퇴직급여는 회원이 재직기간에 급여 수령액 중 일정액을 회원부담금으로 납부 후 적립하고 전역 또는 퇴직 시 일시금으로 지급받는 제도이다. 즉, 일종의 '정기적금'이지만 시중의 적금과는 다른 점이 있다. 이자율이 시중의 1금융권보다 높으며, 이자율은

---

19 고양, 양주, 일동, 춘천, 홍천, 강릉, 청평, 수도, 대전, 함평, 대구, 부산, 서울지구 등이 있다.

복리가 적용되어 이자의 이자가 붙는다. 시간이 갈수록 이자의 차이는 훨씬 벌어지게 된다. 그리고 이자에 대한 이자소득세가 낮아서(비과세~5.28%) 같은 이자라도 실제 수령액이 더 많아진다.

군인공제회 홈페이지

7 기타(자녀교육비 지원, 군인 주택 특별공급 혜택 등)

군인은 주택에 대해 특별공급[20]을 받을 기회가 있다. 10년 이상 장기 복무한 무주택 가구구성원인 '현역' 군인이 대상이다. 모집공고일 기준으로 임관 일자부터 근무일까지 10년 이상 장기 복무한 현역 군인을 의미한다. 군인복지포털 사이트에서 신청할 수 있다.

군인 주택 특별공급

8 직업군인의 진로

'직업군인을 하면 나중에 할 게 없다'라는 말이 있다. '사회에 군과

---

20 정책적 배려가 필요한 사회계층 중 무주택자의 주택 마련을 지원하기 위해 청약 경쟁 없이 주택을 분양받는 제도로 당첨은 1세대당 평생 1회로 제한된다. 특공에는 다자녀, 신혼부부, 생애 최초, 노부모 부양, 중소기업 등이 있다.

관련된 것이 무엇이 있을까?' 하는 것이다. 결국 군인도 민간인으로 돌아오게 된다. 100세 시대에 직업군인 이후의 삶을 생각하는 것은 당연하다. 그래서 이번 장은 군인 이후의 삶, 군인의 경력을 활용해서 전역 후의 진로에 대해서 알아보겠다.

장기복무 군인의 진로는 크게 세 가지로 나뉜다. 공무원이 되거나 기업체로 갈 수도 있고 후학 양성이나 조언하는 역할을 맡을 수도 있다. 그 외 필자가 알지 못하는 진로가 무수히 많을 거라 생각된다.

첫 번째 진로는 공무원이 되는 방안이다. 군대에서 배운 전문지식과 경험을 지원 자격으로 인정하는 공무원 직렬로 지원하는 것으로 군대에서 장기복무를 통해 쌓은 경력으로 공직에 진출하는 방법이다. 공직에 진출하기 위해서는 시험을 거치는데, 우리가 흔히 아는 공무원 '공채(공개경쟁 채용시험)'가 아니다. 경력을 활용한 '경력경쟁 채용시험'으로 공무원 세계에 발을 딛을 수 있다. 공무원의 '경력경쟁 채용시험'은 '공채'에 의해 충원이 곤란한 분야에 대해서 채용하는 제도로 관련 직위의 우수한 전문인력을 채용하는 제도이다. 직업군인으로서 갈고 닦은 실력을 유감없이 발휘하는 기회가 된다. 경력경쟁 부문의 대표적인 경로는 QR 코드로 표기했으니 참고하자!

일반기업의 취업도 고려할 수 있다. 특히 무기체계를 개발·양산하는 방위산업체에 진출할 수 있다. 방위산업체는 새로운 무기를 만들고 군의 전투력을 유지·발전시키고 무기체계를 해외시장에 판매해 국익을 창출한다. 군에서의 경험과 자신의 전문지식, 학위를 활용해 다른 방법으로 국방에 이바지할 수 있다. 무기체계를 연구·개발하는 방위사업체는 현대로템, LIG넥스원, 한화탈레스, KAI 등이 있다.

연구기관에서는 군의 정책 결정에 필요한 기초자료를 제공해 연구를 수행하고, 각종 군 관련 연구를 수행해 대한민국 군대가 더 나은 의사결정을 할 수 있는 이론적 토대를 제공한다.

1. 소방공무원 경력경쟁 채용

2. 경찰 경력경쟁 채용

3. 해양경찰 경력경쟁 채용

4. 공군 채용

5. 국토교통부(www.molit.go.kr) 채용

6. 행정안전부 채용(www.mois.go.kr)

7. 국방부 채용

마지막으로 후학양성 및 연구직이다. 군 생활을 토대로 각 대학과 고등학교의 교직원으로 진출해 각종 연구용역을 수행하며 군의 발전에 이바지할 수 있다. 군사학 교수는 새로운 군인을 양성한다. 군에 맞는 인재를 양성하는 중요한 역할을 하며 미래 군을 이끌어갈 신입 군인을 만들어낸다. 대학교 군사학과 교수나 군 특성화고등학교 교직원이 그 예이다.

국방 군사 연구직

연구기관	업무
국방연구원	군 발전을 위한 조언 업무 수행
국방과학기술연구소	무기체계 연구개발
각 대학의 산학협력단	무기체계 발전을 위한 조언 및 연구용역 수행 등

여기까지 장기복무 군인의 전역 후 진로에 대해 정리해 보았다. 그 밖에도 수많은 직업이 있다. 장기복무 군인의 커리어는 끝이 없다. 예를 들면, 군대의 '심리상담사'가 되는 길이다. 군대 전역 전에 군에서는 사회진출을 준비할 수 있는 기간을 제공한다. 그 기간에 '심리상담'을 공부하고 자격증을 취득해서 다시 군대로 돌아오는 사례를 본 적이 있다. 이번에는 군인이 아닌 '심리상담사' 역할이지만 그 보다 군인을 더 잘 이해하는 심리상담사가 있겠는가? 혼자 살던 외동아들로 군에 들어와 다 같이 목욕하는 것이 적응되지 않았던 소위 '부적응자'라고 불리는 군인의 눈물을 닦아주며 장교의 허락을 얻어 혼자 씻을 수 있는 시간을 제공해 준 심리상담사는 그의 어려움을 누구보다 잘 이해하기 때문일 것이다. 그는 기존의 어떤 심리상담사보다 '부적응자'를 '적응하는 군인'으로 변모시키는 일을 잘 해냈다.

전역 후에 그동안 하고 싶었던 전혀 새로운 길을 선택할 수도 있지만, 군대와 연결된 새로운 경로를 펼칠 수도 있다. 물론 그냥 이루어지는 것은 없다. 준비하고 자신의 방향을 설정한다면 새로운 길을 개척할 수 있을 것이다.

9 국방전직교육원

마지막으로 당신이 군대를 떠나려 한다면, 다양한 사회 교육과 컨설팅을 진행하는 기관이 있다는 것을 기억하자. 국방전직교육원은 단기복무 군인, 장기복무 군인의 특성에 따라 다양한 교육과 컨설팅을 제공한다. 이는 최대한 사회에 빠르게 적응하고 정착하도록 도와주기 위함이다. 물론 이전에 국가를 위해 희생한 것에 대한 보상의 차원이라고 볼 수도 있겠다.

단기복무 군인과 장기복무 군인의 근무 기간에 따라 이러한 교육을 받을 수 있는 기간이 다르다. 만약에 군 복무 후 사회에 나갈 예정이라면 계획을 먼저 세우는 것도 좋지만, 계획이 없다면 기관의 도움을 받아 교육과 컨설팅을 함께 하며 고민해도 될 것이다. 다양한 혜택과 정보 그리고 전문가가 국방전직교육원에 있으니 말이다.

국방전직교육원

6. 직업군인도 워라밸이 가능할까?

저녁이 있는 삶을 꿈꿀 수 있는가?

워라밸은 일과 삶의 균형이라는 의미로 요즘 젊은 세대의 직업 선택에 중요한 기준이 되고 있다. 직업군인이 고민인 이들도 일과 삶의 균형을 고려하지 않을 수 없다. 아무리 국가에 대한 사랑과 충성심, 애국심이 우선이라도 말이다. 일과 생활이 양립하는 저녁이 있는 삶을 원한다. 의무 병사도 자기 개인 시간을 덜 뺏는 병과와 보직을 미리 알아보고 지원하는데, 직업군인을 고려한다면 더욱 궁금할 것이다. 단순히 멋져 보이고 보람 있는 것이 선택의 요소가 아닐 수 있다. 더욱이 직업군인은 최소한 10년 길게는 30년의 세월 동안 삶의 터전이 되니 철저히 따져봐야 한다.

직업군인은 '일과 삶의 균형이 좋다' 또는 '일과 삶의 균형이 나쁘다'라고 단정적으로 말할 수는 없다. 우선 군에 따라서 다르며 부여받는 병과와 보직에 따라 다르다. 또한 만나는 상사의 성향에 따라 천차만별이기도 하다. 이건 어느 직업이나 마찬가지일 것이다. 한마디로 변수가 많다. 마치 대학생이더라도 학교의 분위기, 학교 안에서의 보직, 전공, 선택과목 그리고 교수님의 성향에 따라 학교생활의 질이 달라지는 것처럼 말이다. 확실한 건 시대의 변화에 발맞춰 군에서도 워라밸이 강조되고 있다. 대표적인 제도가 '조기퇴근제'다.

❶ 조기퇴근제 실시

최근 공직사회에 적용되는 캠페인 중 하나가 유연근무제[21]이다. 유연근무제는 공직 생산성을 향상하고 삶의 질을 높이기 위해 개인·업무·기관별 특성에 맞도록 유연하게 근무 형태를 선택하는 제도로 대국민 행정서비스에 차질이 없는 범위 내에서 신청 기간과 근무유형을 정해 부서장에게 승인받으면 사용할 수 있다.

군은 유연근무제의 목적으로 조기퇴근제를 실시하는데 매달 마지막 주 금요일에는 2시간 일찍 퇴근할 수 있다. 조기퇴근제를 통해 3시 반이나 4시에 퇴근해 개인 생활을 할 수 있다. 물론 군인의 특성상 멀리 벗어날 수는 없지만 늘어난 휴식 시간만큼 자기를 돌볼 시간도 많아진다.

---

21 탄력 근무제, 재량 근무제, 원격 근무제로 구성된다(출처: 국가공무원 복무규정).

그러나 조기퇴근제가 제한되는 자리도 있다. 부대의 지휘관이나, 주요 참모, 작전계획을 수립하는 군인과 부대원을 보살피고 부대 살림을 꾸려가는 자리는 업무가 많아 야근하는 경우가 많다. 조기퇴근은 물론 정시퇴근도 힘든 것이 사실이다. 또 교대 근무자도 조기퇴근제가 제한된다. 24시간 365일 불시의 상황을 대비하는 상황 근무자 중 교대 근무자가 많은데, 그들도 조기퇴근은 어렵다. 누군가는 늘 자리를 지켜야 하는 보직과 상황 근무자들이 자리를 지키는데 주로 지휘, 정보, 작전 분야 근무자가 대표적이다. 불시의 상황에 대비하는 군 특성상 아직 적용되지 못한 부대가 있다.

하지만 워라밸을 보장하는 방향으로 변화하고 있다. 직업군인의 워라밸을 보장하기 위한 노력으로 조기퇴근제는 시작이며 직업군인의 복지와 삶의 질은 앞으로도 향상될 것이다. 향후 밀레니얼 세대가 주역이 되는 몇 년 후에는 더욱더 워라밸이 보장되는 군대로 변모할 것이다.

장학금과 적금으로 시작하는
스마트한 군대백서
커리어북스 직업 시리즈 02

초판 1쇄 발행 2023년 1월 26일

지은이　정명박
펴낸이　윤서영
펴낸곳　커리어북스
디자인　허형옥
편집　김정연, 커리어북스 편집부
인쇄　예림인쇄

출판등록　제 2016-000071호
주소　용인시 기흥구 강남로 9, 504-251호
전화　070-8116-8867
팩스　070-4850-8006
블로그　blog.naver.com/career_books
페이스북　www.facebook.com/career_books
인스타그램　www.instagram.com/career_books
이메일　career_books@naver.com

값 15,900원
ISBN 979-11-92160-17-7 (03320)